Mia Pejic
@Mymiapage

ANSTATT ZU SAGEN

Bibliografische Information der Deutschen Nationalbibliothek
Die Deutsche Nationalbibliothek verzeichnet diese Publikation in der Deutschen Nationalbibliografie. Detaillierte bibliografische Daten sind im Internet über http://d-nb.de abrufbar.

Für Fragen und Anregungen
info@m-vg.de

Wichtiger Hinweis
Ausschließlich zum Zweck der besseren Lesbarkeit wurde auf eine genderspezifische Schreibweise sowie eine Mehrfachbezeichnung verzichtet. Alle personenbezogenen Bezeichnungen sind somit geschlechtsneutral zu verstehen.

Originalausgabe
5. Auflage 2025

Türkenstraße 89
80799 München
Tel.: 089 651285-0

Redaktion: Anja Hilgarth
Umschlaggestaltung: Manuela Amode
Layout: Manuela Amode
Satz: Die Buchmacher, Köln
Druck: Florjancic Tisk d.o.o., Slowenien
Printed in the EU

ISBN Print 978-3-7474-0554-3
ISBN E-Book (EPUB, Mobi) 978-3-96121-939-1

Wir produzieren nachhaltig
www.m-vg.de

Weitere Informationen zum Verlag finden Sie unter

www.mvg-verlag.de
Beachten Sie auch unsere weiteren Verlage unter www.m-vg.de

Mia Pejic
@Mymiapage

ANSTATT ZU SAGEN

DEIN GUIDE FÜR GELUNGENE KOMMUNIKATION

mvgverlag

INHALT

Disclaimer:

Sichtbarkeit liegt mir sehr am Herzen. Für ein fließendes Leseerlebnis habe ich mich daher entschieden, das generische Femininum zu verwenden. Ebenso nutze ich gerade in der Kategorie »Paarbeziehung« heteronormative Formulierungen, einfach weil sie meiner Lebensrealität entsprechen und mir deshalb am nächsten und geläufigsten sind. Jedoch können die Tipps, die ich hier gebe, geschlechter- und orientierungsübergreifend verwendet werden und ich hoffe, dass sich alle zu jeder Zeit angesprochen und gesehen fühlen in diesem Buch.

WAS DICH IN DIESEM BUCH ERWARTET

Das hier ist kein Buch, mit dem du die Regeln gelungener Kommunikation lernst. Das hier ist ein Buch, mit dem du dein Leben veränderst. Das glaubst du nicht? Ich werde dich auf der letzten Seite daran erinnern – und bin sehr gespannt, was du dann sagst.

Kommunikation ist etwas, das erst ganz am Ende eines sehr langen Prozesses steht. Damit es sich dabei auch um gute Kommunikation handelt, braucht es einiges an Wissen und die richtigen Werkzeuge innerhalb dieses Prozesses: Man muss zuhören und beobachten, psychologische Schemata und Rhetorik sowie Menschen und ihre Bedürfnisse verstehen, Muster erkennen und all dieses Wissen individuell anwenden können. Natürlich geht es in diesem Buch um Kommunikation, aber es geht dabei auch noch um so viel mehr. Es geht um dich, um dein Selbstbewusstsein, um deine Trigger und um deine Ziele und Träume. Die Art, wie du mit dir sprichst, hat direkte Auswirkungen auf die Art, wie du mit anderen sprichst. Und die Art, wie du mit anderen sprichst, ist das Ergebnis ganz viel innerer Arbeit.

Alle mir bekannte Begriffe reichen nicht aus, um genau das alles, was zu diesem Prozess dazugehört, zu umfassen: »Kommunikation« ist nicht genug, »Selbstbewusstsein« nicht, »Psychologie« nicht. Deswegen definiere ich einfach einen neuen: All das, was du in diesem Buch lesen, lernen und verstehen wirst, dreht sich um das Thema *Mindsaid* – um das Wissen darüber, welche Macht Einstellungen, Gedanken und Gefühle haben und wie du all das in deiner bestmöglichen Weise und auch zu deinem größtmöglichen Vorteil ausdrückst.

Noch mal zum Verstädnis:
Mindset – das ist der Begriff, der deine Einstellung zu Themen und Denkweisen zu allem beschreibt. Über Mindset wirst du im nächsten Kapitel sehr viel lernen.
Mindsaid **– das ist ein Begriff, den ich selbst erfunden habe.**

Er umfasst alle Prozesse, die geschehen, wenn aus einem Gedanken eine Aussage wird. Der Begriff umschreibt quasi die Klammer von Beginn des Prozesses »mind« bis zum Ende des Prozesses »said«. Um sicherzugehen, dass du beim Lesen nicht durcheinanderkommst, ist *Mindsaid* immer kursiv geschrieben.

Sprache ist mächtig. Das zeige ich dir gleich an einem Beispiel. Ich weiß nicht, wie es dir geht, aber ich finde, wenn man sieht oder liest, wie etwas in der Praxis angewendet wird, versteht man es leichter, kann es besser verinnerlichen und für sich selbst nutzen. Denn *theoretisch* hat noch niemand sein Leben geändert.

STELL DIR VOR, EINE ARBEITSKOLLEGIN KOMMT MIT EINER FRAGE AUF DICH ZU. DIE ANTWORT HAST DU ALLERDINGS NICHT DIREKT PARAT.

ANSTATT ZU SAGEN: *Ich weiß es nicht.*

PROBIER ES MAL DAMIT: *Ich werde es mir genauer ansehen und mich dann bei dir melden.*

Was genau ist hier der Unterschied? Die Aussage »Ich weiß es nicht« ist eine Sackgasse und vermittelt nur dein »Scheitern«. Auch wenn jede weiß, dass man nie alles wissen kann, würde deine Kollegin das so auffassen. Wenn du stattdessen sagst, dass du dich damit befassen wirst, passieren zwei Dinge: Du kommst in Aktion und bist automatisch wieder Herrin der Lage, anstatt passiv zu bleiben. Zudem schlägst du eine konkrete Lösung vor: Du kannst die Frage zwar nicht jetzt in diesem Augenblick beantworten, sorgst aber dafür, dass das bald nicht mehr der Fall ist.

MEIN LEBEN IST DIE INSPIRATION FÜR DIESES BUCH, MEIN ERLEBTES DAS LEARNING FÜR DICH

Die Macht von Sprache habe ich schon sehr früh gelernt. Nicht, weil ich als Kind besonders kluge Dinge gesagt habe und alle ganz beeindruckt davon waren. Sondern weil mir das Sprechen verboten wurde.

Ich bin in eine religiöse Glaubensgemeinschaft geboren worden, dort aufgewachsen und war bis zu meinem 24. Lebensjahr Mitglied. In dieser Gemeinschaft galten Frauen, die viel redeten, als lächerlich oder dumm. Natürlich nicht offiziell, nein, aber es wurde hinter ihren Rücken so über sie gesprochen. Natürlich wollte ich nicht, dass die Leute der Gemeinschaft auch so über mich sprachen. Deshalb redete ich kaum. Zudem wurde mir auch der Mund verboten. Ich erinnere mich an einen Tag, da war ich etwa 13 Jahre alt und stand in einer Gruppe Erwachsener. Worüber genau sie sich unterhalten haben, weiß ich nicht mehr. Aber ich weiß noch genau, wie ich einen richtig guten Einfall zu dem Thema hatte. Ich wurde ganz aufgeregt, weil meine Idee so gut war. Doch alles, was ich darauf zu hören bekam, war: »Wenn die Erwachsenen reden, hast du leise zu sein.« Für andere Menschen hätte das vielleicht keine große Tragweite gehabt, doch für mich war das ein Schlag ins Gesicht. Denn in dem Moment wurde mir klar, dass ich nicht mal gehört wurde, wenn ich etwas Richtiges oder Wichtiges zu sagen hatte. Ich beschloss, nie wieder etwas zu sagen – außer ich wurde gefragt. Viele Jahre habe ich mich konsequent daran gehalten.

Noch bis heute habe ich dieses Verhalten so verinnerlicht, dass ich ganz oft nichts sage, selbst wenn ich eine Meinung habe, einen Einfall oder auch einfach etwas zu dem Thema weiß, über das gerade gesprochen wird.

Obwohl wir Tür an Tür mit »normalen« Kindern wohnten, unterschied sich mein Leben komplett von dem ihrem. In dieser Gemeinschaft zu leben bedeutete, komplett abgeschottet zu sein vom Rest der Welt. Obwohl ich auf eine normale Schule ging, hatte ich keine einzige Freundin in meiner Klasse. Es wurde mir eingeredet, dass die anderen Menschen böse oder sogar vom Teufel besessen seien. Das glaubt man als Kind natürlich erst mal. Warum? Weil Worte die Macht haben, dich genau das glauben zu lassen. Ich durfte keinen Geburtstag feiern, und wenn bei uns Besuch zu Hause war, hatte ich stundenlang schweigend auf dem Sofa zu sitzen. Meine Freizeit musste ich damit verbringen, von Tür zu Tür zu gehen und neue Mitglieder anzuwerben. Das waren die wenigen Momente, in denen ich sprechen sollte. Weil die Worte – und ich – dann von Nutzen waren.

Man kann also sagen, dass ich einen Großteil meiner Kindheit und Jugend schweigend verbracht habe. Eine spannende Sache passiert, wenn man dazu verdonnert wird, still zu sein: Man erfährt umso mehr über die anderen. Anstatt mich zu unterhalten, habe ich zugehört. Habe die Menschen um mich herum ganz genau beobachtet. Was sie sagten, wie sie es sagten und was sie nicht sagten. Und dabei sind mir erstaunliche Dinge aufgefallen. Allen voran, dass man meistens nicht das sagt, was man eigentlich meint. Diese beiden Dinge – *sagen* und *meinen* – laufen meist komplett konträr zueinander. Dabei gehören sie ja eigentlich fest zusammen. Es verwundert also nicht, dass es häufig zu Streit, Missverständnissen oder auch Unverständnis kommt.

Vielleicht denkst du jetzt, dass das ja davon abhängt, welche Personen miteinander kommunizieren, wie gut sie sich kennen, wie sie miteinander umgehen. Erstaunlicherweise tut es das aber überhaupt nicht. »Kommunikationsfehler« lassen sich immer wieder auf dieselben Muster runterbrechen. Welche das sind, beschreibe ich in diesem Buch.

Ich habe also viele Jahre lang beobachtet, das Gesehene und Gehörte in seine Fragmente »zersetzt« und die zugrunde liegenden Muster erkannt und entdeckt, dass sich diese immer wiederholen. Ich habe verstanden, wo das Problem liegt, aber das war nur der Anfang. Logisch, denn wenn man ein Problem identifiziert hat, macht man nicht genau so weiter wie bisher. In einem zweiten Schritt wendete ich mein neues Wissen auch an. Ein klassischer Fall von Trial and Error: ausprobieren, Reaktionen beobachten und analysieren und beim nächsten Mal anders und besser machen. Und im letzten Schritt habe ich überlegt, wie ich dieses Wissen so formulieren und umsetzen kann, damit andere das für sich nutzen können.

ANSTATT ZU SAGEN

Um mein Wissen bestmöglich zu teilen, begann ich 2020, auf Instagram und TikTok Videos zu posten mit ganz konkreten Beispielen, wie unterschiedlich die Wirkungen sind, wenn verschiedene Formulierungen benutzt werden. Meine *Anstatt zu sagen*-Reihe ist auf beiden Kanälen die beliebteste Serie.

Dabei beginne ich immer mit einem Beispiel für eine Situation und eine Aussage, die man typischerweise in dieser Situation macht. Als Zweites gebe ich eine bessere Alternative und erkläre auch, welchen Effekt die neue Formulierung hat.

Anstatt zu sagen hat zahlreiche Vorteile: Die Videos sind leicht zu verstehen und meine Followerinnen können diese Sätze direkt anwenden und selbst ausprobieren, was passiert. Zudem zeigen sie schon ganz deutlich, was *Mindsaid* alles beeinflusst und beinhaltet. Wenn ein Video beispielsweise behandelt, wie du richtig, kompetent und freundlich Nein zu jemandem sagst – und zwar so, dass niemand auf die Idee kommt, dich mit einem »Aber …« umstimmen zu wollen –, dann geht es nicht nur um das Neinsagen an sich. Es geht auch um deine Grenzen und dein Selbstbewusstsein, das dadurch wächst. Genau das bekommst du in diesem Buch detailliert vermittelt: den ganzen Prozess, der stattfindet, bevor du etwas sagst.

In diesem Buch gebe ich dir nicht nur Beispiele für *Anstatt zu sagen*, sondern vermittle dir die Regeln, all das *Mindsaid* dahinter. Nachdem du das Buch gelesen hast, musst du meine Sätze nicht mehr auswendig lernen. Du wirst in der Lage sein, in jeder Situation dein eigenes *Anstatt zu sagen* zu finden. Weil du die Muster dahinter erkannt und verstanden hast.

Was ich in dieser Hinsicht weiß und kann, habe ich nicht in einem Studium gelernt oder mir theoretisch angeeignet. Zumindest nicht so, dass man eine Urkunde am Schluss bekommen würde. Viel eher ist es so, dass ich Erfahrungen gemacht habe, in meinen Beobachtungen Muster erkannt und Zusammenhänge hergestellt habe. Und ich habe über diese Themen wahnsinnig viel gelesen und lese immer noch darüber. In diesen Büchern, mit denen ich mich weitergebildet habe, waren oft genau die Muster beschrieben, die ich selbst auch schon beobachtet hatte. Bücher bestätigen mich also in dem, was meine Intuition mich schon gelehrt hat.

Aus diesem Grund wirst du in diesem Buch auch keine wissenschaftlichen Erkenntnisse von anderen finden. Wenn du dich auch dafür interessierst, findest du zahlreiche gute Literatur dazu. Dieses Buch ist, wie schon erwähnt, nicht für die Theorie da, sondern setzt mit dir Schritt für Schritt dein neues Wissen um. Ganz einfach und praktisch.

»Mia, du darfst kein Stein des Anstoßes sein.« Das ist ein Satz, den ich in meinem früheren Leben sehr oft gehört habe, und eine Aussage, die zweifach negativ behaftet ist. Denn ein Stein des Anstoßes ist eine Ursache für einen Streit oder etwas Negatives. Für mich bedeutete dieser Satz aber etwas anderes, und zwar, dass ich gar nichts ins Rollen bringen durfte – weder im negativen noch positiven Sinne. Und schon damals habe ich irgendwo in meinem Inneren gewusst, dass ich genau das sein werde! Genau jetzt, genau hier bin ich *dein* Stein, deine Inspiration, mit der du dein zukünftiges, neues und besseres Leben anstößt.

Das ist kein Buch, in dem du gelungene Rhetorik lernst. Oder die Tricks Erfolg versprechender Kommunikation. Oder die Auswirkungen der Gespräche in deinem Inneren. Oder das Wissen, wie viel Aussage eigentlich Schweigen hat. Das hier ist kein Buch, in dem du eine dieser Sachen lernst. Sondern alle. All das, was ich in den Jahren beobachtet, verstanden, nachgelesen, angewendet und selbst entwickelt habe, habe ich in diesem Buch zusammengefasst. Ich vermittle dir das grundlegende Wissen, das du brauchst, um deine eigene Sprache zu finden. Weil noch keine Meisterin vom Himmel gefallen ist, gebe ich dir konkrete Beispiele und Übungen mit, an denen du dich ausprobieren und die Unterschiede selbst erleben kannst.

Warum ich dieses Buch geschrieben habe? Weil ich ständig beobachte, wie die falschen oder fehlenden Worte zu negativen Erfahrungen führen. Weil nicht jede von uns ebenfalls 25 Jahre Zeit hat, sich dieses Wissen selbst anzueignen. Und weil ich weiß, dass das Potenzial für eine starke und gute Sprache in jeder Einzelnen von uns steckt.

Bevor wir loslegen, habe ich dir eine Art »Gebrauchsanleitung« geschrieben, damit du weißt, wie du am besten mit diesem Buch arbeitest.

BEVOR WIR LOSLEGEN

Dieses Buch behandelt ganz grundlegende Themen, die sich in der Praxis nicht voneinander trennen lassen. Es gibt keine klaren Grenzen zwischen den einzelnen Themen, alles ist eine große Wolke. So wird dir mit Sicherheit irgendwann auffallen, dass du die eine Technik oder ein *Anstatt zu sagen* auch in anderen Bereichen anwenden kannst als in dem gerade thematisierten. Und dass die Antworten und Herangehensweisen in den aktuellen Beispielen auch in anderen Situationen funktionieren können. Oder aber dass es auch weitere Antworten und Lösungen gäbe, um das Beispiel zu lösen.

Mit dieser Beobachtung liegst du ganz richtig. Doch damit das Buch kein großes Knäuel an Wissen wird, sondern eine Struktur hat, musste ich alles ein bisschen ordnen und sortieren. Herausgekommen sind vier Kategorien, die wir behandeln werden.

»Mindset«, »Paarbeziehung«, »Familie und Freundinnen« und »Business«.

In *Mindset* zeige ich dir das ganze Fundament, das ausschließlich in dir liegt. Hier geht es hauptsächlich um die Frage, wie du mit dir sprichst, bevor du mit anderen kommunizierst.

In *Paarbeziehung*, *Familie und Freundinnen* und *Business* beleuchten wir die drei wichtigsten Bereiche deines Lebens und schauen uns ganz typische Themen und Konfliktpotenziale an.

Am Ende einer jeden Kategorie findest du als Hilfestellung einige beispielhafte *Anstatt zu sagen*, die verschiedene Situationen widerspiegeln.

Ich habe somit Grenzen in Themen gezogen, wo eigentlich keine sind. Aber das nur, damit es für dich leichter nachvollziehbar ist. Sonst könnte ich auch einfach mit einem Lkw vorfahren, die ganze Ladung Wissen über dich schütten und dich unter ihr begraben. Und davon hättest du nicht sehr viel. Wenn dir wie oben beschrieben eine Querverbindung zu anderen Bereichen auffällt, kannst du dir in jedem Fall selbst ein High Five geben. Denn das bedeutet, dass du in der Lage bist, dieses Wissen eigenständig in den unterschiedlichsten Situationen anzuwenden – und genau das ist ja mein Ziel!

Außerdem gibt es kein richtiges oder falsches Tempo, in dem du das Buch lesen sollst. Das hier wird kein reines Lesevergnügen für dich, es ist vielmehr ein Arbeitsbuch. Du wirst die Dinge, die hier stehen, sacken lassen müssen, verstehen, verarbeiten, anwenden, mehrfach lesen, um wirklich an den Kern vorzudringen. Vielleicht wird es dich manches Mal überfordern und du legst das Buch für eine paar Tage oder länger zur Seite. Für dieses Buch gibt es nur eine Lesegeschwindigkeit, und das ist deine.

Ich weiß nicht, in welcher Lebenssituation du dir das Buch gekauft hast und welchen Raum du gerade dafür hast, dein Leben komplett auf den Kopf zu stellen. Denn nicht weniger wird passieren. (Und sag nicht, ich hätte dich nicht gewarnt!)

Deshalb meine Bitte an dich: Wenn du dieses Buch zur Hand nimmst, dann nimm dir auch die Zeit dafür. Hab den Raum und die Kapazität, dich darauf einzulassen, die Worte, die hier stehen, wirklich auf dich wirken zu lassen. Fokussiere dich dabei immer nur auf die Stufe, die vor dir liegt – nicht auf das ganze Treppenhaus. Du kannst jederzeit Pausen und Unterbrechungen machen, aber wenn du liest, dann mit deiner ganzen Aufmerksamkeit.

So, und jetzt geht es los!

DEIN MINDSET

Mindset – das ist ein großes Wort und auch eines, an dem man aktuell kaum vorbeikommt. Doch was bedeutet der Begriff eigentlich?

Laut Duden ist Mindset die »innere [Grund]einstellung, die jemandes Denken und Handeln prägt«.[1] Für mich ist es der eigene Blick auf die Welt und der Umgang mit ihr. Denn durch alles, was wir wissen und erfahren haben, werden wir geformt. Das beeinflusst natürlich auch unseren Blick nach außen, wie wir uns durch den Alltag bewegen, welche Entscheidungen wir treffen und woran wir uns zu glauben trauen. Dein Mindset ist aber nichts Statisches, nichts, das jetzt gerade auf diese Art und Weise ist und nie wieder anders werden kann. Du kannst es immer beeinflussen und damit arbeiten. Und zwar solange du lebst! Es ist *deine* innere Haltung dem Leben gegenüber, wieso solltest du also nicht die Macht über sie haben? Dass es möglich ist, zeigt meine eigene Geschichte.

DAS MINDSET, IN DEM ICH AUFGEWACHSEN BIN

Es gibt Glaubensgemeinschaften, die sich von einer größeren Gemeinschaft abgespalten haben, weil sie der Überzeugung sind, die einzig richtige Art der jeweiligen Religion zu leben. Oftmals manipulieren sie ihre Mitglieder. So auch die Gemeinschaft, in der ich groß geworden bin: Es gab keinen Kontakt nach außen, sondern nur zu anderen Mitgliedern. Im Inneren ist eine solche Gruppe in verschiedenen Hierarchien organisiert. Es gibt eine Art »Elite«, und das Privileg, dazuzugehören, kommt natürlich nur sehr wenigen Leuten innerhalb der Gruppe zu. Das Ansehen schwindet mit jeder Stufe, die man auf der hierarchischen Treppe nach unten geht. In der Glaubensgemeinschaft, in der ich aufgewachsen bin, galten traditionelle Familien – also Mutter, Vater, Kind – als an-

1. Duden: »Mindset« auf Duden online, https://www.duden.de/rechtschreibung/Mindset, zuletzt aufgerufen am 29.04.2023

gesehener als beispielsweise geschiedene Eltern. Meine Mutter war geschieden. Hinzu kam, dass Frauen per se einen niedrigeren Stellenwert hatten als Männer. Sie waren ihrem (und jedem anderen) Mann unterstellt, hatten zu gehorchen und am besten die Küche nicht zu verlassen. Als Tochter einer geschiedenen Frau war es also fast schon logisch, dass ich auf der untersten Stufe der Hierarchie eingeordnet wurde. Still zu sein zählte sowieso schon zu den Aufgaben der Mädchen, doch ich in meinem Status hatte noch weniger zu melden. Ich durfte nicht einmal auffallen. Ich sollte so unauffällig sein, dass man mich überhaupt nicht wahrnahm. Ich sollte ein Geist sein. Eine leere Hülle ohne Persönlichkeit.

Obwohl ich in dieses Leben und dieses Konstrukt hineingeboren wurde, habe ich mich schon als Kind immer gefragt: Warum ist das überhaupt so? Wie kann es denn sein, dass in einem Atemzug gepredigt wird, dass wir alle gleich sind, und im nächsten, dass Frauen die Erbsünde in sich tragen und quasi schuld sind an der ganzen Misere? Warum machte mich der Umstand, dass ich eine Frau bin – eine Tatsache, mit der man ja einfach geboren wird, für die man nichts kann und die man sich schon gar nicht aktiv aussucht –, zu einem Menschen zweiter Klasse mit weniger Rechten und Wert? Weil eine Frau einmal einen Fehler gemacht hat? Wobei Eva eigentlich unschuldig war, immerhin wurde sie von Adam hinters Licht geführt und reingelegt. Wenn es einen Gott oder irgendeine universelle Energie gibt, so meine Überlegungen, und diese als gerecht gilt, wieso degradiert sie uns Frauen dann? Ich hatte schon früh das Gefühl, dass das so nicht richtig sein kann.

Von außen betrachtet ist es vermutlich naheliegend, dass mich das irritiert hat. Man darf allerdings nicht vergessen, dass ich nichts anderes kannte außer dieser Welt. Ich hatte nicht eine einzige Freundin oder eine andere Vertrauensperson außerhalb dieser Gruppe. Es gab wirklich niemanden, der mir meinen Horizont hätte erweitern oder mir sagen können, dass das, was in dieser Gruppe passiert, nicht richtig ist. So selbstverständlich ist es daher gar nicht, und das weiß ich auch, weil ich die Einzige war, die dauerhaft ein unangenehmes Ziepen im Bauch hatte. Es fühlte sich an, als würde ich immer angelogen, als sei ich gezwungen, eine Maske zu tragen. Obwohl ich nichts anderes kannte, wusste ich, dass das nicht meine Zukunft ist. Und das nennt man Intuition.

DEIN BAUCHGEFÜHL

Intuition, Bauchgefühl, Instinkt – im Prinzip kannst du es nennen, wie du möchtest. Was nämlich viel wichtiger als die Benennung ist, ist das Wissen, dass du damit ein unglaublich starkes Werkzeug hast. Einen Kompass, der dich durch dein Leben führt – wenn du ihn denn lässt. Einen Leitstern, der mich dorthin geführt hat, wo ich heute bin.

Dein Bauchgefühl oder deine Intuition ist die Fähigkeit, im Bruchteil einer Sekunde zu entscheiden, ob etwas gut oder schlecht für dich ist. Und das, ganz ohne darüber nachzudenken.

Das Gute ist: Jeder Mensch ist ein intuitives Wesen. Die meisten verlernen die Fähigkeit zum intuitiven Handeln nur leider im Laufe der Zeit. Sie ist aber noch in dir drin, die meisten verorten sie in der Bauchregion. Immerhin spricht man ja auch vom »Bauchgefühl«, und nicht umsonst gilt der Bauch in der traditionellen chinesischen Medizin als Zentrum der Energie. Doch wir haben dieses Bauchgefühl im Laufe der Zeit unter all unserem Wissen und unseren Erfahrungen »begraben« und den Zugriff darauf verloren. Jetzt ist es an der Zeit, es zu bergen und wieder ans Tageslicht zu bringen.

Denn zumeist treffen wir unsere Entscheidungen durch Nachdenken, Abwägen, Pro-und-Kontra-Listen und einige Was-wäre-Wenns im Kopf. Und genau da fängt das Problem an. Versteh mich nicht falsch, unser

Kopf beziehungsweise unser Gehirn ist ein Wunder! Das Gehirn kann fantastische Dinge und hat eine grenzenlose Energie, aber es braucht ein wenig Übung. So wie wir einen Hundewelpen trainieren müssen, müssen wir auch unser Gehirn trainieren, ihm Kommandos wie »Stopp« beibringen und es belohnen, wenn es etwas gut gemacht hat. Und eigentlich müsste dieses Training auch schon von klein auf beginnen. Tut es aber nicht.

Wir eignen uns und unserem Gehirn viel Wissen an, natürlich durch die Schule oder beispielsweise auch aus Büchern. Das ist der Teil, den wir aktiv lernen. Doch unser Gehirn lernt auch ganz viel aus den Erfahrungen, die wir machen. Und das ist der Teil, den wir selten bewusst gestalten. Dein Unterbewusstsein kannst du dir als riesige wabernde Masse vorstellen. Auf einzelne Parts aus dieser Masse hast du tatsächlich Zugriff, beispielsweise wenn du Angst vor Hunden hast, weil dich als Kind mal ein Hund gebissen hat. Das ist eine Erfahrung, die so eingängig war, dass dir sowohl die Erfahrung selbst als auch ihre Auswirkungen bewusst sind. Doch der größte Teil der Masse bleibt von dir unberührt. Dabei könntest du auch auf diese Teile zurückgreifen, denn auch sie werden ja gespeist durch deine Erfahrungen. Du lernst nur nie, wie du mit deinem Unterbewusstsein umgehen kannst, auf welche Arten du sogar damit arbeiten und es trainieren kannst. Dabei wäre gerade dieses Wissen so wichtig. Denn was passiert mit einem Hund, den man nicht anständig trainiert? Richtig, er tanzt einem auf der Nase herum. So auch dein Unterbewusstsein. Das Gute ist: Es ist nie zu spät, um mit dem Training anzufangen.

Dein Unterbewusstsein ist die Summe an Wissen und Erfahrungen, auf die du nur selten aktiv zugreifen kannst, die aber maßgeblich daran beteiligt sind, welche Entscheidungen du triffst.

Falls du jetzt denkst, dass Wissen und Erfahrungen offensichtlich nur zu Problemen führen – nein, das tun sie nicht. Ganz im Gegenteil, sie formen uns und unser Leben ja erst, füllen es mit Inhalt. Einzig die Art und Weise, wie wir damit umgehen, müssen wir hier und da anpassen.

Solltest du schon die ganze Zeit auf deine Intuition hören und bemerken und beachten, wenn dein Bauch dich vor Gefahren warnt, dann gratuliere ich dir! Denn das bedeutet, dass du von ganz allein schon einen großen Teil des Weges gegangen bist. Dann wirst du auch in puncto Kommunikation und dem gesamten Prozess dahinter deiner Intuition vertrauen und verstehen, dass es da noch mehr Potenzial in dir zu ergründen gibt.

Warum erzähle ich hier eigentlich etwas über Intuition und Unterbewusstsein? Weil sich unser Mindset aus genau diesen beiden Komponenten zusammensetzt.

Das Mindset umfasst deine Denkweise, aber auch deine Einstellungen und Haltungen Themen gegenüber. Diese entstehen nicht aus dem Nichts, sondern werden eben von deinen Erfahrungen und Wissenswerten geprägt. Außerdem bedingen sich Denkweisen und Erfahrungen, das eine resultiert aus dem anderen.

Intuition und Unterbewusstsein sind die Schaltzentrale, und unser Ziel ist es, dass die beiden zusammenarbeiten. Stell dir die Power vor, die du hast, wenn deine Intuition und dein Unterbewusstsein FÜR DICH arbeiten. Wenn sie dein Kompass sind, dich bestärken und empowern, egal, wie turbulent es auch mal wird. Nichts wird dich mehr aus der Bahn werfen können oder dich sprachlos machen. Genau aus diesem Grund beginnen wir auch hier – in deinem Kopf und in deinem Bauch. Denn hier wird die Entscheidung getroffen, welche Worte du nutzt und wie du kommunizierst, lange bevor du sie aussprichst. Deshalb bringen wir an dieser Stelle erst einmal alles in Ordnung, bevor wir uns an einzelne Sätze machen.

Die dominante Absicht

Was treibt dich an im Leben? Erfolg? Geld? Ansehen? Sicher, alles davon kann ein Ziel sein. Etwas, worauf du hinarbeitest. Aber das ist nicht der Grund, *warum* du das tust. Es gibt genau zwei Motivatoren, die dein ganzes Leben bestimmen. Die so simpel wie allgegenwärtig sind, dass es dir fast zu banal vorkommen wird, wenn du sie hörst: Es geht um die Liebe und um die Angst.

Es gibt genau zwei Gründe, die uns im Leben antreiben: Liebe oder Angst. Wirklich alles, was du tust, lässt sich auf eines der beiden zurückführen. Den Ursprung der Motivation, also warum du etwas tust, nennt man »dominante Absicht«.

Eine universelle Wahrheit kann ich dir an dieser Stelle schon mitgeben: Mit Angst bleibt alles gleich, nur durch Liebe schaffst du Veränderung. Mit Liebe als dominanter Absicht schaffst du alles in deinem Leben, sie trägt dich und beflügelt dich. Agiert jedoch die Angst als dominante Absicht, legt sie dir Steine in den Weg. Und wenn das nicht schon gemein genug wäre, tut sie es so, dass du sie oftmals gar nicht erkennst. Weil die Angst so tief in uns verwurzelt ist, dass wir sie meist mit uns selbst verwechseln.

Alles, was du aus Angst tust, wird nicht funktionieren. Aus Angst resultieren negative Gedanken, daraus wachsen negative Emotionen, die eine negative Energie nach sich ziehen. Und wirklich noch nie ist etwas mit negativer Energie geglückt.

Ein Beispiel:

Ich will endlich viel Geld verdienen, damit ich meine Rechnungen bezahlen kann und mir keine Sorgen mehr ums Geld machen muss.

Das klingt im ersten Moment nach einem Satz, den du so vermutlich schon öfter gedacht haben könntest. Ist ja auch gut, ambitioniert zu sein und ein Ziel zu haben, oder? Du ahnst es, jetzt kommt das Aber. Denn die Motivation, die hinter dieser Aussage steckt, ist Angst. Du hast Angst, nicht genug Geld zur Verfügung zu haben, deshalb willst du mehr verdienen. Angst ist nicht grundsätzlich etwas Schlechtes. Sie ist dein internes Alarmsystem und erfüllt eine wichtige Schutzfunktion. Nur sollte sie nicht die treibende Kraft in deinem Leben sein.

Wenn du stattdessen Liebe als deinen Antrieb nimmst, kommt ein Satz wie folgender dabei heraus:

Ich will Geld verdienen, um die Fülle des Lebens zu spüren, um alle Aspekte des Lebens erleben und das ganze Leben genießen zu können.

Erkennst du den Unterschied? Kannst du erkennen, dass das erste Beispiel durch Angst motiviert ist und das zweite durch Liebe? Im Alltag ist es schwer, immer direkt zu sehen, welche Motivation hinter einer Aussage steht. Wie bei allem brauchst du einfach Übung, weil du deine Gedanken bislang vermutlich noch nicht auf ihre Motivation hin überprüft hast.

Intuition weiß, Trigger diskutiert

Dein Bauch ist ein Instrument, das mehr wahrnimmt als dein Verstand. Vergleichen wir es einmal mit dem Auge: Dein Bewusstsein ist dein Auge, mit dem du »sichtbares Licht« sehen kannst. Außerhalb dieses Spektrums gibt es aber noch viel mehr, das dein Auge nicht sieht: beispielsweise Infrarot, ultraviolettes Licht oder auch Röntgenstrahlen. Dennoch sind sie da. Deine Intuition ist eine Art »inneres Auge«, die dieses Licht ebenfalls *wahrnehmen* kann. In den Momenten, in denen du etwas einfach weißt, aber nicht erklären kannst, wieso oder woher, dann ist dein **Bauchgefühl** beziehungsweise deine **Intuition** am Werk. Du agierst »intuitiv« – du erfasst und bewertest also Situationen oder Sachverhalte unmittelbar, ganz ohne dass dir das bewusst ist. Ist dir schon einmal aufgefallen, dass dein Bauchgefühl noch nie danebenlag? Deine Intuition berät dich nicht oder wägt ab, sondern sie sagt einfach Ja oder Nein. Dein Bauchgefühl ist unumstößlich. Wenn du jetzt denkst: »Mmmh, na ja, manchmal liegt es schon falsch«, dann können wir über Trigger sprechen. Denn die sind es, die den Zweifel säen.

Trigger sind Auslöser für Gefühle, die du durch unverarbeitete Traumata abgespeichert hast. Durch äußere Reize werden diese Gefühle in Situationen von deinem Unterbewusstsein hervorgeholt und auf ebenjene Situation gestülpt. Oftmals erkennt man selbst gar nicht den Zusammenhang zwischen Trigger und was einen in der entsprechenden Situation nun gereizt hat. Grund dafür ist auch, dass man die eigenen Trigger oftmals gar nicht kennt. Denn die liegen gut verborgen

Durch einen Trigger hast du typischerweise Gedanken wie: *Ich weiß nicht, ob das eine gute Idee ist. Sollte ich das wirklich machen? Ist diese Person wirklich gut für mich?*

Ein Trigger findet für dich immer neue Gründe, warum etwas nicht gut ist oder auch zu gut (in so einem Fall würdest du dich fragen, wo der Haken an der Sache ist), zu groß, zu schwer oder unerreichbar. Man könnte sagen, er diskutiert mit dir. Dadurch verunsichert er dich, und wenn du unsicher bist, ist es keine Intuition. Außerdem spürst du Trigger auch körperlich, sie fühlen sich schwer an und ziehen dich herunter. Intuition dagegen gibt dir ein Gefühl von Leichtigkeit. Wenn du das nächste Mal grübelst, spüre einmal nach, wie sich dein Körper dabei anfühlt.

Ein konkretes Beispiel zeigt dir am besten, wie Intuition und Trigger funktionieren: Stell dir vor, du hast einen Partner und dieser geht fremd. Das *weißt* du aber noch nicht, zumindest nicht bewusst. Du hast nur immer ein komisches Gefühl, vor allem, wenn er dir erzählt, dass er mit seinen Arbeitskolleginnen abends noch etwas trinken geht. Dieses subtile Gefühl ist die Gewissheit, dass er dich anlügt. Es gibt keinen faktischen Grund für dein schlechtes Gefühl im Bauch, es ist einfach da. Und eben weil es keinen Grund gibt, versuchst du dir das Gefühl auszureden, beteuerst dir, dass du dir das alles nur einbildest. Bis es zu einer nächsten Situation kommt, in der du siehst, dass eine der Arbeitskolleginnen ihm Samstagabend um 22 Uhr noch eine Nachricht geschrieben hat. Den Inhalt kannst du aber nicht sehen. Wieder krabbelt dieses Gefühl deinen Nacken hoch und wieder versuchst du, den Zweifel kleinzuhalten. Du redest ihn dir immer wieder aus. Das Problem (oder eher das Gute) ist aber, dass sich deine Intuition nicht ausreden lässt. Sie weiß, dass dein Partner dich mit seiner Kollegin betrügt, du willst es nur noch nicht sehen. Das schlechte Gefühl, der Zweifel, die Gewissheit bleiben vehement bestehen, und zwar genau so lange, bis du bereit bist, dich der Wahrheit zu stellen – und das ist im Worst Case genau der Moment, wenn du deinen Partner und seine Kollegin in flagranti erwischst.

Wieso neigen wir überhaupt dazu, die Augen vor der Wahrheit zu verschließen und unserem Bauchgefühl nicht zu glauben? Na ja, zum einen könnte man meinen, es sei weniger schmerzhaft. Denn wenn die Intuition recht hat, und das hat sie immer, dann bedeutet das im Umkehrschluss, dass wir uns mit etwas auseinandersetzen und aller Wahrscheinlichkeit auch Veränderungen anstoßen müssen. Und das ist ja im ersten Moment immer erst mal mit Angst verbunden. Stattdessen versuchen wir, die Sache auszusitzen, und hoffen, dass sie sich von allein löst. Das ist aber eine Milchmädchenrechnung, und ich zeige dir auch, wieso. In dem Beispiel oben hättest du auch von Anfang an auf dein Bauchgefühl hören können, deinen Partner dazu befragen und deine Konsequenzen daraus ziehen können. Stattdessen hast du in diesem fiktiven Beispiel so lange nichts gemacht, bis es nicht mehr ging und dir die Wahrheit sprichwörtlich vor die Füße fiel. Und was passiert dann? Richtig, du warst gezwungen, deine Konsequenzen daraus zu ziehen.

Nehmen wir an, du würdest dich in beiden Fällen von deinem Partner trennen. Hättest du auf deine Intuition vertraut, wäre diese Konsequenz nicht weniger schmerzhaft oder anstrengend gewesen, aber du hättest sie zu einem früheren Zeitpunkt gezogen und dir damit wertvolle Lebenszeit geschenkt, die du nicht weiter in einer Lüge gelebt hättest.

Das bringt mich zum zweiten Grund, weshalb wir nicht sofort auf unsere Intuition hören: Wir haben Urvertrauen. Wir wollen anderen vertrauen, wir kommen so auf die Welt. Und wird dieses Vertrauen erschüttert, dann wollen wir an dem Fakt so lange zweifeln, bis wir uns den Zweifel nicht mehr ausreden können.

Du kannst zwar dein Bauchgefühl nicht trainieren, denn das ist ja immer da, aber du kannst üben, besser darauf zu hören. Deine Intuition ist immer das, was du fühlst, bevor du *Ja, aber …* denkst.

ANSTATT ZU DENKEN: *Ja, aber …*
PROBIER ES MAL DAMIT: *Nichts. Nimm es wahr und vertraue auf deine Intuition.*

Dein Trigger dagegen ist alles, was nach dem *Ja, aber …* stattfindet. Wenn du einen Trigger identifiziert hast, der dich mit Unsicherheiten und Zweifeln überschüttet, fragst du dich als Erstes, warum du gerade überhaupt diskutierst. Genau das passiert in deinem Kopf nämlich: Der Trigger warnt dich vor allem, was ihn reizt, und du wägst ab, ob diese Gedanken gerechtfertigt sind oder nicht. Indem du dir bewusst machst, dass da einer deiner Trigger agiert, ziehst du die Bremse deines Gedankenkarussells an und bringst es erst mal zum Stillstand. Jetzt kannst du entscheiden, ob du dich der Situation, die dich gerade triggert, einfach entziehen willst, denn dann entziehst du dich auch dem Trigger und er verschwindet für den Moment wieder, oder ob du dich ihr ganz bewusst stellen willst.

Es gibt keine richtige und falsche und schon gar keine feige oder tapfere Entscheidung. Es ist immer abhängig von der Situation, von dem Trigger, wie du dich gerade fühlst, und auch davon, wie viel Raum und Energie du gerade hast, um zu entscheiden, welchen Umgang du wählst. Denn sich einem Trigger zu stellen, ist ein langwieriger Prozess und kann je nach Intensität auch einnehmend und schmerzhaft sein. Auch bei diesen Entscheidungen darfst du auf dein Bauchgefühl vertrauen. Welche Option auch immer sich besser anfühlt – rein- oder rausgehen aus der Situation –, ist die richtige Entscheidung. Niemand hat etwas davon, wenn du dich in einem vermeintlich heroischen Akt deinem Trigger stellst und am Ende davon überrollt wirst.

Wie du Trigger für dich nutzen kannst

Gefühle sind weder gut noch schlecht. Sie sind einfach da. Oftmals neigen wir dazu, unsere Gefühle zu bewerten und sie in Kategorien wie »gut« (Freude, Liebe) oder »schlecht« (Angst, Wut) einzuteilen. Doch in Wahrheit sind Gefühle nur neutrale Signale, die uns helfen, auf unsere Umwelt zu reagieren, und Wut ist damit ebenso essenziell wichtig für uns wie Liebe. Die Intuition, dein Bauch*gefühl*, ist ein starkes Werkzeug, das dich durch dein Leben navigiert, wenn du es zulässt. Und auch für Trigger gilt die Regel der Neutralität. Trigger sind nicht schlecht, ganz im Gegenteil sind sie eine Chance, die du für dich und deine Entwicklung nutzen kannst.

Ich mache das gerne, wenn ich auf Menschen treffe, die ich aus irgendeinem nicht greifbaren Grund nicht mag. Du kennst das sicher: Du siehst jemanden zum allerersten Mal und denkst dir, dass du irgendwas an dieser Person nicht magst. Etwas triggert dich.

Du kannst nun wieder entscheiden, ob du dich der Person und damit der Situation und deinem Trigger entziehst oder ob du dich ganz bewusst darauf einlässt. Wie gesagt, es gibt keine richtige oder falsche Entscheidung, wichtig ist immer, wie du dich fühlst. Wenn ich mich gut fühle, lasse ich mich darauf ein. Weil ich neugierig bin und herausfinden will, welchen Trigger diese Person aktiviert. Auf diese Weise kann ich unbeschreiblich viel über mich lernen, in erster Instanz natürlich, wo meine Grenzen im Zusammensein mit anderen liegen. Denn nie leuchten die eigenen Grenzen heller auf als dann, wenn man nicht will, dass sie jemand übertritt.

Wenn du dich auch einmal dazu entscheidest, dich auf einen Trigger einzulassen, musst du – wirklich, das ist die Voraussetzung dafür – überzeugt davon sein, dass du mit allen Konsequenzen daraus klarkommen wirst. Du musst nicht nur überzeugt sein, du musst es ganz tief in dir wissen.

Um einen Trigger zu lösen, reicht es nicht, ihn wahrzunehmen. Wenn du einen Trigger identifiziert hast, ist er immer noch da. Einen Trigger zu lösen, ist ein sehr langwieriger Prozess, denn er begleitet dich meist schon über Jahre und Jahrzehnte, und die meiste Zeit davon unentdeckt. Man könnte also sagen, dass er so gut versteckt ist, dass man manchmal auch gar nicht an seinen Kern vordringt. Lohnt sich der Aufwand dann überhaupt? Ja, denn wenn du deine Trigger identifizieren kannst, erkennst du auch, in welchen Momenten sie aktiv sind, und kannst dementsprechend handeln. Indem du beispielsweise aus der Situation gehst oder der Person, die dich triggert, das ehrlich sagst und auch anfügst, dass das nichts mit ihr zu tun hat und dass du vielleicht auch gar nicht genau weißt, wo exakt der Trigger liegt. Das klingt nach nicht viel, doch es erleichtert dein Zusammensein mit anderen Menschen enorm. Denn die Person, die deinen Trigger auslöst, weiß, was gerade mit dir los ist, und wird nicht selbst getriggert von deinem Verhalten. Dieses Pingpong passiert nämlich superoft. Und schneller, als du »Intuition« auch nur aussprechen kannst, steckst du in einem Streitgespräch.

DEINE ALLERBESTE VERSION UND DAS TUCH

Wir werden jetzt über etwas sprechen, das einen maßgeblichen Teil des ganzen *Mindsaid* ausmacht und auch dein ganzes Leben beeinflusst, ohne dass du es bisher bemerkt hast. Ich möchte dich bitten, zwei Dinge zu holen, bevor du weiterliest: einen Gegenstand, der einen besonderen Wert für dich hat – das kann ein Schmuckstück sein, eine Tasse oder auch ein Buch –, und einen zweiten wie ein großes Tuch oder einen Schal. Denn damit du dir besser vorstellen kannst, wie all das, was du bis jetzt gelesen hast, zusammenhängt, arbeiten wir mit einem Bild. Visualisierung hilft ungemein, um Dinge besser zu verstehen.

Stell deinen Lieblingsgegenstand vor dich und schau ihn dir genau an. Aus welchem Grund auch immer er für dich so wichtig ist, er wird ein schönes und warmes Gefühl in dir auslösen. Dieser Gegenstand, das bist du in der allerbesten Version, die es von dir gibt. Die allerbeste Version deiner Selbst ist die, die sich liebt und um ihre Stärken weiß, aber auch um ihre Ängste und Trigger. Die allerbeste Version von dir will das allerbeste Leben für sich und weiß auch, wie sie es bekommt.

Jetzt nimmst du das Tuch und wickelst es um den Gegenstand, hüllst ihn darin ein. Dein Lieblingsgegenstand ist jetzt maximal nur noch zu erahnen. Wenn dieser Gegenstand die beste Version von dir ist, wofür steht dann das Tuch, das diese Version versteckt? Das Tuch ist die Stimme, die zu dir sagt, dass du deine Träume nie erreichen wirst, nichts kannst, nichts taugst – das sind deine negativen Erfahrungen und Glaubenssätze. Einfach alles, was dich davon abhält, die allerbeste Version deiner Selbst zu sein. Das Tuch ist aber auch der Teil von dir, der der Stimme glaubt. Auch ist das Tuch nichts Externes, sondern ein Teil von dir – nämlich der Teil deines Unterbewusstseins, auf den du keinen Zugriff hast und in dem alle negativen Erfahrungen und von Angst getriebenen Trigger liegen. Mit jeder Erfahrung von außen und jedem negativen Gedanken aus deinem Inneren webst du das Tuch weiter. Und jedes Mal, wenn du einem dieser Gedanken, Stimmen und Gefühle glaubst, wickelt sich das Tuch noch etwas enger um deinen Lieblingsgegenstand. Und entfernt dich somit weiter von der allerbesten Version deiner selbst.

Veränderung beginnt mit Wahrnehmung

Man kann sagen, dass du – also alles, was dich als ganzen Menschen ausmacht – aus deinem Lieblingsgegenstand und einem Tuch bestehst. Dein Lieblingsgegenstand ist dein Kern, der strahlt und nur Liebe als dominante Absicht kennt. Dein Tuch beinhaltet alles, was dich davon abhält. Wie gehst du mit dem Tuch jetzt um? Natürlich, du könntest versuchen, es zu ignorieren. Doch dann wird sich nichts in deinem Leben verändern und genau das ist doch der Grund, weshalb du dieses Buch gerade in der Hand hältst. Du könntest auch versuchen, das Tuch loszuwerden. Aber wenn du nicht weißt, wie, wird das nicht funktionieren. Falls du dich fragst, warum, blättere noch mal nach vorne und lies dir den Absatz zu der dominanten Absicht durch. Exakt, all das würdest du aus Angst tun. Wie schon gesagt: Das funktioniert nicht. Bleibt also nur Liebe als Antwort.

Doch wie soll man das lieben, was einen davon abhält, zum eigenen Kern vorzudringen? Indem du verstehst und akzeptierst, dass auch dieses Tuch und alles, wofür es steht, ein Teil von dir ist. Es gehört zu dir, denn es ist aus deinen Erfahrungen und deiner Lebenszeit gewachsen. Ihm mit etwas anderem als Liebe zu begegnen wäre, als würdest du deine linke Hand hassen. Dennoch willst du, dass sich etwas ändert, und das ist auch ganz richtig. Also lass uns etwas ändern.

Was du möchtest, ist, dass sich das Tuch nicht mehr so eng um deinen Lieblingsgegenstand wickelt. Du willst, dass dieser Gegenstand hervorkommt und sichtbar wird. Das erreichst du durch Wahrnehmung.

Was bedeutet das? Du erkennst, dass all die negativen Gedanken und Stimmen in deinem Kopf die Ängste, Trigger und Verletzungen aus deinem Unterbewusstsein sind. Das Bild des Tuches hilft dir, sie klar zuzuordnen. Wenn dir wieder mal Gedanken in den Kopf kommen, dass du etwas nicht kannst, nicht liebenswert bist oder deine Träume eh nie erreichen wirst, dann weißt du jetzt, wo sie herkommen. Und weil du das weißt, kannst du sie wahrnehmen – und allein dadurch nimmst du ihnen schon die Kraft. Sage dir einen Satz wie »Danke, Tuch, aber ich weiß, dass das nicht ich bin«, und du wirst feststellen, wie schnell die negativen Gedanken stoppen. Dadurch lockert sich das Tuch, wickelt eine Schicht auf und dein Lieblingsgegenstand wird schon ein Stück sichtbarer und hat mehr Platz zum Strahlen.

Der erste und wichtigste Schritt ist es, dein Tuch zu erkennen. Damit beginnt schon ein großer Teil deiner Veränderung.

Veränderung braucht Erkenntnis

Zu Beginn ist es nicht leicht, die Gedanken zu identifizieren, die das Tuch enthält. Du musst dich fragen, welche dominante Absicht hinter einem Gedanken steht: Ist es Liebe oder Angst? Wie so oft ist auch das reine Übungssache, und je häufiger du es versuchst, desto leichter fällt es dir.

Die folgende Übung ist deine Starthilfe, um zu lernen, dein eigenes Tuch zu identifizieren. Ich nenne sie den »Tuch-Tracker«. Ein Tracker ist ein technisches Gerät oder eine Software, die Informationen sammelt und analysiert. Und das kannst du auch mit deinem Unterbewusstsein machen.

ÜBUNG: DER TUCH-TRACKER

Jemand schaut in den Spiegel und denkt: »Ich sehe furchtbar aus.«

Jemand hat eine Idee und denkt: »Das schaff ich eh nicht. Niemand wird sich dafür interessieren.«

Jemand wechselt den Job und denkt: »Dort wird es eh nicht besser. Bestimmt arbeiten da nur Arschlöcher.«

Jemand wird von seinem Date versetzt und denkt: »Ich sag lieber nichts, ich will nicht kompliziert wirken.«

Bestimmt kennst du solche oder ähnliche Gedanken. Sie können in allen Bereichen deines Lebens in den unterschiedlichsten Formulierungen auftauchen und haben eine enorme Macht, denn sie sorgen dafür, dass du dich nicht liebst, dass du nicht an dich glaubst und dass du nicht das Allerbeste für dich willst, weil du denkst, du verdienst es nicht. All das ist dein Tuch.

Schreib dir ab jetzt jedes Mal auf, wenn du einen solchen Gedanken hast und dein Tuch darin erkennst – und zwar genau so:

Das Tuch hat gesagt, dass ...

Zwei Dinge passieren dadurch: Zum einen nimmst du dein Tuch wahr, und wie du weiter oben gelesen hast, löst es sich allein dadurch. Zum anderen distanzierst du dich von deinem Tuch durch genau diese Formulierung. Natürlich spricht ein Tuch nicht wirklich, aber in diesem Bild hat die Übung einen kraftvolleren Effekt. Du schreibst nicht: »Ich habe eben gedacht, dass ...« oder »Mir kam der Gedanke, dass ...«, sondern du ordnest diesen Gedanken der richtigen Stelle zu. Es war das Tuch, und du bist nicht mehr gewillt, dem Tuch und allem, wofür es steht, diese Macht über dein Leben zu gewähren.

Auch mein Tuch spricht noch zu mir, jeden Tag so um die 300 Mal. Man wird sein Tuch nie los, und das ist auch gar nicht das Ziel. Wie gesagt, dein Tuch gehört zu dir, es ist ein Teil von dir. Dein Tuch bist aber nicht du. Ich weiß, dass dieser Unterschied sehr klein und fein ist und es eine Weile brauchen kann, bis man ihn wirklich verstanden hat. Folgendes hilft dabei: Was passiert mit dir, wenn dein Tuch einmal nicht spricht? Richtig, nichts. Weder fällst du tot um noch fehlt dir plötzlich etwas. Das bedeutet: Das Tuch gehört zu dir, aber es ist nicht du. Du bist dein Lieblingsgegenstand – die allerbeste Version deiner selbst. Es ist mir wichtig, dass du den Unterschied wirklich begreifst.

	≠	
Dein Lieblingsgegenstand steht für das Du, das sich nicht von Ängsten oder Triggern oder negativen Erfahrungen durchs Leben leiten lässt.	≠	**Unter dein Tuch fallen alle Gedanken, Gefühle und Ängste, die dich selbst davon abhalten, ein mutiges, glückliches und maximal gutes Leben zu führen.**

Ich erkenne mein Tuch inzwischen in so ziemlich jeder Situation, nehme es wahr und ändere es. Je öfter du die Übung oben machst, desto leichter wird es auch dir mit der Zeit fallen, dein Tuch zu entlarven und die Grenze zwischen dir und deinem Tuch zu erkennen. Und ich verspreche dir: Du kannst gespannt sein, was unter dem Tuch zum Vorschein kommen wird. Du wirst heller strahlen und größer sein, als du es dir jetzt vielleicht vorstellen kannst. Wart's nur ab!

Veränderung führt zu Perspektivenwechsel

Dein Tuch wahrzunehmen, ist der erste Schritt hin zum Perspektivenwechsel. Bei einem Perspektivenwechsel lernst du, Dinge aus einem anderen Blickwinkel zu sehen. Wo du bisher Themen aus der Perspektive deines Tuches gesehen hast, schauen wir nun aus der Perspektive deines Lieblingsgegenstandes drauf. Das bedeutet nicht, dass zukünftig alles nur noch Puderzucker und Gänseblümchen ist und dir alles auf Anhieb gelingen wird. Es bedeutet aber, dass du allem gewachsen bist.

Dein Tuch sagt: »Oh, sei vorsichtig, ich weiß nicht, ob das klappt.«
Die Lieblingsgegenstand weiß: »Egal, was passiert, ich komme mit jeder Konsequenz klar.«

Und das ist ein ganz großer Unterschied.

In der Glaubensgemeinschaft war ich nicht nur in der untersten Hierarchie angesiedelt und damit »nichts wert«, ich war auch noch eine Frau – also doppelt nichts wert. Ich habe Gewalterfahrungen erfahren, seelische wie körperliche Misshandlungen erlebt und war völlig isoliert. Mehr als genug, um einfach zu resignieren. Um genau diese leere Hülle, dieses weiße Blatt zu werden, das von der Glaubensgemeinschaft gefordert wurde.

Ich habe all diese Dinge erlebt – aber eines ist nicht passiert: Ich bin nicht daran zerbrochen. Natürlich sind die ersten 24 Jahre meines Lebens nicht spurlos an mir vorbeigegangen. Natürlich haben sie Narben hinterlassen und ich habe Ängste und Traumata davongetragen. Aber meinen Kern, den hat niemand zerstören können. Und warum? Weil ich es niemandem erlaubt habe. Weil ich niemandem diese Macht über mich gegeben habe. Weil ich immer genau wusste, wer ich bin. Weil ich mich geschützt habe.

Der Blickwinkel, aus dem wir auf Ereignisse blicken, und die Wertung, die wir ihnen dadurch geben, sind absolut entscheidende Elemente in unserem Mindset. Denn Perspektive ist unsere Sicht auf die Realität, sie ist von uns »eingefärbt«. Wir sehen die Realität durch einen Filter. Und welchen Filter wir anwenden, und welche Wertung wir unserer Realität damit geben, können wir selbst entscheiden. Ein berühmtes Zitat von Bob Marley lautet:

»Manche Menschen spüren den Regen, andere werden nur nass.«

Das zeigt es ganz deutlich: Zwei Personen befinden sich in derselben Situation, sie stehen im Regen ohne Mantel oder Schirm. Die Frage ist nun, wie sie damit umgehen. Die eine Person wird nass, ärgert sich vermutlich den restlichen Tag darüber und wird nicht müde, allen davon zu erzählen. Die andere Person hält kurz inne und genießt das Prasseln der Tropfen auf ihrer Stirn. Selbst wenn sie es nicht genießt, nimmt sie die Situation einfach hin, zuckt kurz mit den Schultern und schaut, dass sie schnell ins Trockene kommt. Auswirkungen auf ihre Laune und den weiteren Tag hat der Regen entweder nicht oder nur im positiven Sinne.

Du warst bestimmt schon mal beide dieser Personen aus dem Gedankenspiel. Was ich dir damit verdeutlichen will, ist, dass es allein deine Entscheidung ist, ob ein Ereignis oder eine Erfahrung nur negativ ist. Du hast die Macht über dich und wie du eine Situation wertest. Das ist so viel Macht, dass du im Prinzip nie wieder etwas aushalten müsstest. Das ist so viel Macht, dass du dein Leben frei und unabhängig gestalten kannst. Wenn du dich in einer Situation findest, die unausweichlich ist (wie eben der Regen, an dem kannst du auch nichts rütteln), dann bist du dieser Situation nicht einfach ausgeliefert. Denn du kannst immer noch entscheiden, ob du die Erfahrungen, die daraus resultieren werden, auf die negative oder positive Seite der Skala schubst.

Alles, was du denkst, passiert auch. Der ganze Prozess von *Mindsaid* ist nichts, das nur stattfindet, bevor du etwas sagst. Sondern der auch dann aktiv ist, wenn du zu dir selbst sprichst. Du kannst es dir so vorstellen, als würdest du deiner Freundin zuhören, wie sie schlecht über sich selbst spricht: dass sie zu dick oder zu dünn ist, zu blöd für diese Aufgabe bei der Arbeit oder im Studium und dass sie natürlich immer nur die Vollidioten abbekommt, weil sie nichts Besseres verdient hat. Deiner Freundin würdest du sofort verbieten weiterzusprechen. Weil alles, was sie sagt, totaler Quatsch ist. Könnte sie sich doch nur mal durch deine Augen sehen, wünschst du dir dann, dann wüsste sie doch, wie fabelhaft, klug, schön und einzigartig sie ist.

Genauso reden wir in unserem Inneren auch über uns, nur dass es hier keine Freundin gibt, die laut »Stopp« brüllt, wenn wir uns mal wieder verzetteln.

Als ich mich das erste Mal selbst von außen wahrgenommen habe, geschah das aus einem Schutzmechanismus heraus. Ich war etwa acht oder neun Jahre alt. Meine Mutter hat mir abends immer Geschichten zum Einschlafen vorgelesen. Bis hierhin alles normal, könnte man meinen. Sie las jedoch nicht aus Kinderbüchern, sondern aus der Bibel. Und diese Geschichten sind brutal, es geht immer um Tod, Mord, Schmerz, Leid, Vergewaltigungen und Krankheiten. Hinzu kam, dass diese Geschichten in dieser Bibel äußerst detailliert illustriert waren. Bis heute sehe ich die Zeichnung einer Frau vor mir, die sich verzweifelt an einem Felsen festklammert, um ihr Neugeborenes vor der Sintflut zu retten, die alle Menschen tötet. Spoiler: Es stirbt auch. Dieses Bild hat sich so tief in mein Bewusstsein und meine Seele gebrannt, dass ich es mit Sicherheit niemals vergessen werde. Abend für Abend wurde ich mit diesen Geschichten und Bildern geflutet, bis ich es irgendwann nicht mehr ausgehalten habe. Ich bin dissoziiert. Das bedeutet, dass mein Bewusstsein meinen Körper verlassen hat. Während mein Körper also noch in der schlimmen Situation steckte, flog mein Bewusstsein davon, irgendwohin, wo es schön und sicher war.

Der Begriff »Dissoziation« kommt – wie alle schlauen Wörter – aus dem Lateinischen und bedeutet »etwas trennen«. Genau das ist es auch: Das

Bewusste trennt sich vom Unbewussten. Dissoziation wird oft als ein negatives Phänomen angesehen, da sie in schlimmen Situationen entsteht und in extremen Fällen zu einem Gefühl der Trennung von der Realität führen kann. Mir jedoch hat sie geholfen, da ich durch sie in der Lage war, mich von außen zu beobachten und zu sehen, wie ich mich verhalte, agiere und reagiere.

Die eine Perspektive, die ich auf diese dissoziierenden Erfahrungen haben könnte, ist:

Das ist schrecklich und furchtbar und nur tragisch. Ich bin ein Opfer, und alles, was ich tun kann, ist, darunter zu leiden.

Die andere Perspektive, die ich einnehmen könnte, ist:

Das ist weder eine gute noch eine schöne Erfahrung, die ich gemacht habe, aber sie hat mit dazu geführt, dass ich die bin, die ich heute bin. Und sie hat mein Talent geformt, das mich so weit gebracht hat.

Wenn ich mich »von außen« wahrnehme, kann ich erkennen, welche Fäden mein Mindset in den Händen hält und wie es mich kontrolliert. Ich bin in der Lage, die Stimme in meinem Kopf von außen zu hören und wahrzunehmen, wie ich eigentlich mit mir rede. Für mich ist kontrollierte Dissoziation ist kraftvolles Werkzeug, denn durch sie schaffe ich es, gerade in emotional aufwühlenden Situationen aus dieser heraus und in eine Beobachterposition hineinzuschlüpfen. Durch diesen neutraleren Blick von außen fällt es mir leichter, ebendiese Situationen zu bewältigen. Und das ist etwas ganz Besonderes. Wer kennt sie nicht, die große Diskrepanz zwischen Selbstwahrnehmung und Fremdwahrnehmung? Wer wünscht sich nicht, einmal zu wissen, wie man nach außen wirkt? Und wer wurde nicht schon mindestens einmal gefragt, warum man denn so grimmig schaut, obwohl man eigentlich nur schüchtern ist?

Seit ich mich und die Art, wie ich mit mir rede, von außen wahrgenommen habe, wusste ich, dass ich meine beste Freundin sein will – und sein werde. Ich habe angefangen, mir ganz genau zuzuhören, und jedes Mal, wenn ein schlechter Satz gefallen ist, wenn ich etwas gegen mich selbst richtete oder limitierend mit mir sprach, habe ich meiner inneren Stimme »Stopp« gesagt und noch mal von vorne angefangen. So habe ich nach und nach meine innere Stimme zu meiner besten Freundin gemacht, die genau das tut, was sie soll: mich supporten!

DIE MACHT DEINER GEDANKEN

Ich bin nicht gut genug.
Ich werde das nie schaffen.
Ich bin es nicht wert, geliebt zu werden.
Das wird eh nicht funktionieren.

Kommen dir solche Gedanken wie oben bekannt vor? Das sind negative Glaubenssätze, und sie bedeuten buchstäblich genau das: Es sind Sätze, die man sich so lange vorsagt und einredet, bis man daran glaubt. Dummerweise bekommen wir nicht mit, wenn sich ein Glaubenssatz in unserem Kopf festigt. Weil das automatische, unterbewusste Prozesse sind, die da ablaufen. Das Tückische – und zugleich auch gute – an Glaubenssätzen ist, dass sie sich bewahrheiten. Sie beeinflussen unser Auftreten und Selbstbewusstsein und bestätigen sich dadurch selbst.

Du hattest bestimmt schon einmal eine Prüfung, auf die du dich nicht gut vorbereitet gefühlt hast oder vor der du Angst hattest. Du hast gedacht, dass du das eh nicht schaffen und definitiv eine schlechte Note bekommen wirst. Dadurch hast du dich selbst so verunsichert, dass dir die Antworten zu den Prüfungsfragen nicht mehr eingefallen sind oder du nicht mehr wusstest, ob es die richtigen Antworten waren. Und dabei kanntest du sie eigentlich ganz genau, das ist dir mit Sicherheit nach der Prüfung klar geworden. Dein Glaubenssatz, dass du diese Prüfung so oder so nicht bestehen wirst, hat dazu geführt, dass du unsicher geworden bist und dadurch tatsächlich Fehler begangen und die Prüfung nicht oder nicht gut bestanden hast. Und lass mich raten: Die Prüfung, die dann als Nächstes anstand, hast du mit noch mehr Stress erlebt.

Die Sache ist die: Du hast in beiden Fällen nicht zu wenig gelernt. Du hast das relevante Wissen in deinem Kopf gehabt. Aber deine dominante Absicht war Angst, du hast den Gedanken und Stimmen geglaubt, die von deinem Tuch ausgingen.

Weg mit den negativen Glaubenssätzen!

Um sie loswerden zu können, musst du aber erst mal herausfinden, welche du eigentlich hast.

ÜBUNG: DEN GLAUBENS-SÄTZEN AUF DER SPUR

Nimm dir ein Blatt Papier und unterteile es in drei Spalten. Die erste Spalte bekommt die Überschrift »Ziel«, die zweite »Handlung, die mich aufhält« und die dritte »Warum?«.

In die erste Spalte schreibst du ein Ziel, das du hast. In die zweite Spalte kommen die Verhaltensweisen, die dich davon abhalten, dein Ziel zu erreichen. Für die dritte Spalte überlegst du, warum du dieses Verhalten hast. Was ist der Grund dafür, dass du dich selbst von deinem Ziel abhältst?

Zum Beispiel so:

Ziel	Was mich abhält	Warum?
Ich will Sport machen.	Ich bin zu faul und gehe nicht ins Gym.	Ich kenne mich im Gym nicht aus und habe Angst, dass die Leute dort mich schief anschauen.

Es gibt bei dieser Übung keine falschen Aussagen. Jede von uns hat ganz individuelle negative Glaubenssätze in ihrem Kopf. Auch die Themen, um die sie kreisen, können ganz unterschiedlich sein: Liebe, Erfolg, Gesundheit oder auch eine ganz grundlegende Aussage über dich als Person.

Negative Glaubenssätze haben einen mächtigen Einfluss, doch positive Glaubenssätze mindestens genauso stark. Wie so oft habe ich das selbst erfahren und gelernt:

Innerhalb der Glaubensgemeinschaft war Bildung nicht hoch angesehen. Man sollte *bloß* nicht die Beste in der Schule sein! Es war auch nicht gern gesehen, dass man aufs Gymnasium kam oder sogar studieren wollte. Denn man sah die Zukunft der Frau im Häuslichen, und wer keinen Job haben soll, der braucht auch keine vernünftige Ausbildung. So weit die Logik.

Ich war also nie gut in der Schule, denn ich sollte es nicht sein. Natürlich hatte ich auch keine Ausbildung. Als ich mit 24 aus der Gemeinschaft ausstieg und auf mich allein gestellt war, stand ich erst mal vor dem Nichts. Ich wusste, es würde nicht einfach werden. Denn immerhin kannte ich niemanden in der *normalen Welt, wusste nicht*, wohin ich gehen oder wie ich ohne Ausbildung einen Job finden sollte. Aber ich wusste, ich schaffe es irgendwie. Und schließlich habe ich eine Anstellung im Telefonvertrieb gefunden. Ist das ein geiler Job? Ganz und gar nicht. Wusste ich vorher, was genau ich da machen würde? Nicht wirklich. War ich mir sicher, dass ich das absolut durchziehen würde? Definitiv!

Ich erreichte innerhalb kürzester Zeit die höchsten Abschlussquoten, deutlich höher als die meiner Kolleginnen, die oft schon viel länger in dem Unternehmen arbeiteten und daher auch viel mehr über das Produkt wussten, das wir da verkauften.

Ich hatte also keine besseren Voraussetzungen als meine Kolleginnen. Ich hatte nur meinen Glaubenssatz, mein Mantra, an das ich glaubte – und immer noch glaube – und das mich bestärkte:

Alles, was ich anfasse, wird zu Gold.

Mein Glaubenssatz, mein Mantra, das ist mein Leitfaden für mein Leben. Von dem ich weiß, dass er absolut wahr ist, immer und überall. Ich habe mich nicht aktiv auf die Suche danach gemacht oder so lange daran gefeilt, bis ich eine Formulierung gefunden hatte, die gut klang.

Nein, der Satz ist einfach zu mir gekommen. Eines Tages tauchte er in meinem Kopf auf und ich wusste: Er ist wahr. Und ich wusste: Er wird es für immer bleiben.

Dieser simple Satz, diese sieben Worte haben mich dahin gebracht, wo ich heute bin: Ich lebe ein unabhängiges Leben, ich bin erfolgreich, frei und ungebunden. Ich bin der größte »Stein des Anstoßes«, der ich nur sein kann. All die Dinge, die mir in meinem alten Leben gefehlt haben und nach denen ich mich immer gesehnt habe, habe ich nun im Überfluss. Und all das ohne eine teure Ausbildung, ein angesehenes Studium oder ein wohlhabendes Elternhaus. Nein, all das aus der Energie, die mir meine sieben Worte geben. All die grenzenlosen Möglichkeiten und all das Potenzial, das in mir schlummert, das durch diesen Satz freigelegt wird. All das, weil ich meinem Glaubenssatz glaube.

Das klingt unglaublich für dich? Lass mich dich mit einem Experiment vom Gegenteil überzeugen. Weiter oben hast du deine negativen Glaubenssätze aufgeschrieben. Wie gesagt, sie sind ganz individuell und zeigen die Themen auf, die dich persönlich am schwersten beschäftigen. Vor denen du die größte Angst hast, die dich am meisten zurückhalten. Damit machen wir jetzt Schluss. Denn auch du hast das Zeug dazu, ein Leben wie ich zu führen. Ich habe nichts in meinem Repertoire, was du nicht auch hast. Ich habe lediglich den Glauben an mich, und es wird höchste Zeit, dass du ebenfalls anfängst, an dich zu glauben. Und das, meine Liebe, ist wahre Selfcare. Eine Pflegemaske für deine Seele.

Schau dir noch mal deine negativen Glaubenssätze von oben an. Stell dir eine Situation vor, in der diese hochploppen. Vielleicht ist es auch eine Erinnerung. Und jetzt überlege dir, wie du diesen Satz ins Positive drehen kannst.

ÜBUNG: NEGATIVE GLAUBENSSÄTZE LOSWERDEN

Untersuche deine Glaubenssätze:

Ich will,

- dass aus einem »nicht« ein »auf jeden Fall« wird.
- Dass aus einem »niemals« ein »immer« wird und
- dass aus limitierenden Worten Formulierungen mit endlosen Möglichkeiten werden.

Jeder deiner neuen positiven Glaubenssätze beginnt mit »Ich bin«.

Wie gesagt, Worte sind mächtig, und die Formulierung »Ich bin« beinhaltet Superkräfte: Sie zentriert dich, holt dich ins Hier und Jetzt. Wir reden schließlich nicht über Traumschlösser, wir reden über die Realität. Außerdem vermittelt sie dir, dass alles, was du sagst, bereits wahr ist, dass du alles, was du in deinem Glaubenssatz sagst, schon bist. Es ist kein weit entferntes Ziel, das es zu erreichen gilt, sondern es ist schon in dir drinnen.

Du BIST wertvoll und du BIST fähig und du BIST in der Lage, mit allem fertigzuwerden.

Wenn du für jeden Glaubenssatz ein positives Pendant gefunden hast, möchte ich, dass du Folgendes tust:

Ruf dir noch mal die Situationen ins Gedächtnis, die du dir auch eben zu den negativen Glaubenssätzen vorgestellt hast. Spiel die Szenarien nochmals ab, aber dieses Mal mit deinen positiven Formulierungen.

Merkst du den Unterschied? Spürst du, dass du mit einer ganz anderen Energie in die Situation gegangen bist? Wie du dich besser gefühlt hast und dein Gedankenspiel sogar einen anderen Ausgang hatte?

Es wird dir zunächst auch weiterhin passieren, dass du in deinen üblichen Situationen zu deinen negativen Glaubenssätzen greifst. Überleg mal, du hast dieses Verhalten über Jahre und Jahrzehnte etabliert, da kann es sich nicht innerhalb von wenigen Minuten ändern. Auch wenn man angeschubst wird, muss man ja erst mal ein bisschen Strecke machen, bevor man so richtig Fahrt aufnimmt.

Sich zu verändern ist letztlich nur Übung und Gewöhnung. Ein passendes Beispiel ist da immer der Sport. Vermutlich gab es auch in deinem Leben Phasen, in denen es dir schwergefallen ist, Sport zu machen. Dich dazu zu überwinden, ins Fitnessstudio zu gehen oder deine Runden im Park zu drehen. Doch irgendwann hast du es gemacht, und es hat sich gut angefühlt. Hast du dich deshalb beim nächsten Mal leichter von der Couch geschält? Natürlich nicht, auch das war eine Überwindung. Lediglich die Erinnerung daran, wie gut du dich nach dem letzten Training gefühlt hast, hat dich deinen Körper von dem Sofa und in die Trainingsklamotten schwingen lassen. Doch irgendwann stellst du fest, dass die Überwindung mit jedem Mal, wenn du zum Sport gehst, kleiner wird. Irgendwann erreichst du sogar einen Punkt, an dem Sport so fest zu dir und deiner Routine gehört, dass es dir fehlt, wenn du ihn nicht ausüben kannst. Du hast dich nur daran gewöhnen müssen.

Auf genau dieselbe Weise etabliert man neue Glaubenssätze. Man sagt nicht umsonst, dass das Gehirn ein Muskel ist – und jetzt beginnst du mit dem Training. Hab also ein wenig Geduld mit dir und erwarte nicht, dass du alles sofort immer richtig umsetzt.

Deine Glaubenssätze ins Positive zu ändern, hat unzählige gute Gründe. Es wird dein Leben besser machen, angefangen in den Bereichen, in denen du dir dein Leben bisher schwer gemacht hast. Wenn du dich mit deinen Glaubenssätzen beschäftigst, wird dir auffallen, wie viele davon durch deine Welt schwirren. Du wirst neue, limitierende Gedanken sofort als solche erkennen und gar nicht erst zulassen, dass sie sich in deinem Kopf festsetzen. Und vor allem wirst du offen sein für deinen

Glaubenssatz, dein grundlegendes Mantra, das irgendwann einfach aus dem Nichts auftauchen wird. Wer weiß, vielleicht ist es schon da und wartet nur darauf, dass du es endlich findest.

Deinen inneren Dialog ins Positive wenden

Wir stehen ständig im Dialog mit uns selbst. Es ist uns nicht möglich, nicht zu kommunizieren, denn alles ist Kommunikation: Worte, ein Blick, eine Geste, aber auch Gedanken oder ein Gefühl. Alles spielt zusammen, und es findet ein Austausch von Informationen statt. Das heißt, dass es abgesehen von Glaubenssätzen noch mehr Aussagen gibt, die wir an uns selbst richten. Leider neigen wir auch hier zu negativen Formulierungen.

Dir fällt auf, dass du deinen Schlüssel zu Hause vergessen hast. Du klatschst dir gegen die Stirn und denkst: *Ich bin so doof.*

Lass das mal sacken: Du hast zu dir und über dich gerade gesagt, dass du doof bist. Viel schlimmer ist allerdings, dass du es nicht dementiert hast. Du hast dich selbst nicht aufgehalten und gesagt: »Das stimmt so gar nicht! Es ist okay, dass ich mich darüber ärgere, dass ich meinen Schlüssel vergessen habe. Aber so etwas passiert nun mal, ist ja nur menschlich. Daran, wie intelligent oder klug ich bin, ändert es aber gar nichts.«.

»Ach, das meine ich doch gar nicht so«, denkst du jetzt vielleicht. Mag sein. Aber woher weißt du, dass diese Information – dass du es eben gar nicht so meinst – auch so in deinem Kopf ankommt? Woher soll dein Gehirn das wissen, wenn du es ihm nicht sagst? Und wenn du schon dabei bist, ihm mitzuteilen, dass du es gar nicht so meinst, dann kannst du ihm eigentlich ja auch gleich sagen, dass du es nicht nur nicht so meinst, sondern dass es schlichtweg nicht wahr ist. Dass du nämlich ganz im Gegenteil intelligent bist und dass so ein kleiner Zwischenfall ganz sicher keine Auswirkungen auf deine Wahrnehmung auf dich hat.

Die große Frage ist: Warum haben unsere Gedanken eigentlich so eine Macht über uns? Es sind doch nur Gedanken! Da müsste es doch unsere leichteste Übung sein, sie im Zaum zu halten und zu steuern. Doch so leicht ist es nun mal nicht. Das bekannteste Beispiel, um zu beweisen, warum das nicht so ist, lautet:

Denk nicht an einen rosa Elefanten.
Na? Eben.

Das liegt daran, dass unser Gehirn wahnsinnig viel kann. Aber Wörter wie »nein« oder »kein« kann es nicht verarbeiten. Die Informationen, die von diesen Wörtern vermittelt werden, werden von unserem Hirn nicht erfasst, und dann passiert genau das Gegenteil von dem, was wir eigentlich wollten:

Aus
»Ich will nicht mehr unsicher sein«
wird
»Ich will unsicher sein«.
Aus
»Ich werde nicht mehr zu allem Ja sagen«
wird
»Ich werde zu allem Ja sagen«.

Unser Gehirn ignoriert die Information von negierenden Worten nicht aus Gehässigkeit oder um uns das Leben schwerer zu machen. Unser Gehirn ist darauf gepolt, positive Informationen aufzunehmen, zu verarbeiten und zu verstehen. Die negativen kann es einfach nicht decodieren, und deshalb ignoriert es sie. Was bedeutet das für dich? Du musst dich in Zukunft auf ebensolche positiven Formulierungen beschränken.

ANSTATT ZU SAGEN: *Ich will nicht mehr unsicher sein.*
PROBIER ES MAL DAMIT: *Ich bin eine selbstbewusste Person und ich schaffe das.*

ANSTATT ZU SAGEN: *Ich werde nicht mehr zu allem Ja sagen.*
PROBIER ES MAL DAMIT: *Ich halte meine Grenzen ein.*

Für jeden Satz mit verneinenden Worten, den du an dich selbst richtest, gibt es eine positive Entsprechung. Alles, was du dafür tun musst, ist, sie umzuformulieren, und schon ist dein Gehirn in der Lage, dich bei deinem Vorhaben zu unterstützen, und du wirst den Erfolg haben, auf den du gehofft hast.

Ich möchte dir noch ein weiteres Beispiel für die Macht von Worten zeigen. Es verdeutlicht auch, dass unser Verstand stärker ist als unser Körper. Ja, dieses kleine Gehirn, das nicht umsonst unsere Schaltzentrale ist, kann uns tanzen lassen wie Marionetten. Lass es uns direkt ausprobieren.

Ich möchte, dass du eine Faust ballst. Drück sie ganz fest zusammen, so stark du nur kannst. So, dass es fast schon wehtut. Halte sie weiter geballt, mit aller Kraft, die du aufbringen kannst. Jetzt schau die Faust an und denk Folgendes: *Öffne die Faust.* Du sollst es nur denken. Und dennoch folgt deine Hand dem Gedanken, dem »Arbeitsauftrag«. Es fällt dir viel schwerer, sie als Faust geballt zu halten, und vielleicht merkst du sogar, wie einzelne Finger sich lösen.

Ich hoffe, dass vor allem das letzte Beispiel dir noch mal deutlich gemacht hat, wie stark Worte sind. Welche Macht sie haben und wieso es deshalb so wichtig ist, dass du darauf achtest, welche Worte und Formulierungen du nutzt. Nicht nur bei deinem inneren Dialog, sondern auch, wenn du nach außen kommunizierst.

Du legst den Grundstein für deinen Tag – jeden Morgen

Jeden Tag treffen wir bis zu 35 000 Entscheidungen. Die meisten unbewusst, davon viele unwichtige und ganz wenige wirklich relevante. Jetzt stell dir vor, du würdest jede einzelne Entscheidung ganz aktiv und bewusst treffen. Zugegeben, das wäre erst mal sehr viel, aber versuch dir vorzustellen, wie drastisch sich dein Leben in einer Woche verändern würde. Ich habe dazu eine Übung für dich – und keine Sorge, sie lautet nicht, dass du jede einzelne Entscheidung bewusst treffen sollst. Deine Aufgabe ist es, nur eine ganz bewusste Entscheidung zu treffen – und zwar die wichtigste:

ÜBUNG: START YOUR DAY RIGHT

Morgens, direkt nach dem Aufwachen, stellst du dir eine Frage. Sie lautet:

Wie soll mein Tag heute werden?

Und dann triffst du genau diese Entscheidung.

Es ist die erste von 35 000 Entscheidungen, die du an diesem Tag treffen wirst, und es ist vielleicht auch die wichtigste. Denn damit bestimmst du die Stimmung für den gesamten restlichen Tag. Diese Entscheidung beeinflusst alle weiteren Entscheidungen. Du kannst dich beispielsweise dazu entscheiden, einen produktiven Tag zu haben oder einen sportlichen. Und du wirst sehen, dass du genau das umsetzt, was du brauchst, um dich sportlich oder produktiv zu fühlen. Genauso gut kannst du morgens entscheiden, einen Tag zum Ruhen zu haben, und du wirst nur Dinge tun, die dir guttun und dich zur Ruhe bringen. Für welche Art von Tag du dich entscheidest, ist völlig wertfrei. Diese Übung ist nicht dazu da, immer besonders produktiv, ehrgeizig oder aktiv zu sein. Sie soll dir verdeutlichen, welche immensen Auswirkungen diese eine Entscheidung am Morgen hat. Wie sich dein Tag gestaltet und wie du deiner Entscheidung treu bleibst, weil du dein Mindset darauf angepasst hast. Und wie viel zufriedener dich das macht.

KENN DEINEN WERT UND PACK NOCH STEUERN DRAUF

Alles, was du bislang zum Thema Mindset gelesen hast, ist unfassbar wichtig. Erinnerst du dich, als ihr in Mathe zum ersten Mal Bruchrechnen hattet und deine Lehrerin oder dein Lehrer meinte: »Das müsst ihr wirklich verstehen, darauf baut in den späteren Klassen alles auf.« So ist das hier auch. Denn dein Mindset, du und dein Tuch, ihr seid das Fundament deines Lebens. Von hier geht alles los, das ist die Basis. Deshalb muss das Fundament felsenfest sein, damit es alles tragen kann, was das Leben so für dich bereithält.

Robust wird dein Fundament dadurch, dass du dir deiner selbst bewusst bist. Dieses Bewusstsein kann man auch mit »Wert« übersetzen. Der Vorteil daran ist, dass man direkt eine Vorstellung hat, worum es geht. Der Nachteil daran ist allerdings, dass der Begriff »Wert« in diesem Kontext oft falsch verstanden und angewendet wird. Denn wer von sich sagt, dass er einen Wert hat, der hängt ein Preisschild an seine Persönlichkeit. Der sucht im Außen nach Dingen, die diesen Wert bestätigen. Und der macht sich dadurch von außen bewertbar. Das wiederum kann das Fundament ganz schnell zum Einsturz bringen. Dabei soll genau das ja nicht passieren, das Fundament soll allen äußeren Einflüssen trotzen.

Ein Wert kann sich demnach nur aus dem Inneren definieren. Klartext: Du definierst deinen eigenen Wert. Und das machst du auch nur für dich und nicht, um ihn nach außen zu tragen. Dadurch würdest du dich wieder bewertbar machen, und dein Ziel ist es, unabhängig davon zu sein – weil es dir egal ist, welches Preisschild dir andere anpinnen wollen. Deinen Wert oder dein Bewusstsein findest du durch das Fokussieren auf deine Stärken.

Mit der folgenden Übung findest du heraus, wo deine Stärken liegen.

ÜBUNG: ENTDECKE DEINE STÄRKEN

Nimm dir einen Stift und Papier oder mach dir Notizen in dein Handy. Die Hauptsache ist, dass du die Antworten auf die folgenden Fragen irgendwo schriftlich festhältst.

Stell dir nacheinander folgende Fragen:

> *Was sind meine Stärken?*
> *Worin bin ich besonders gut?*
> *Wofür bekomme ich von anderen Komplimente?*
> *Was motiviert mich und treibt mich an?*

Diese Liste ist dein Bewusstsein. Denn die Summe dieser Begriffe ist dein Wert, den du für dich definiert hast. Dein Wert ist auch nicht vergleichbar mit anderen, sondern dein Wert ist das Fokussieren auf deine eigenen Stärken und die positive Energie, die du daraus ziehst.

Diese Eigenschaften lassen sich mit einer weiteren Übung noch präziser in die verschiedenen Bereiche deines Lebens zuordnen.

ÜBUNG: BESTIMME DEINEN WERT

Du brauchst wieder ein Blatt Papier und einen Stift. Nun ziehst du drei großzügige Kreise.

Jeder der Kreise steht für einen Bereich deines Lebens: Woran du glaubst, wer du sein willst und auf welche Weise du die Welt verändern willst.

Im ersten Schritt der Übung füllst du jeden dieser Kreise separat aus, schreibst alle Begriffe auf, die dir dazu einfallen. Wenn du alle Gedanken beziehungsweise Begriffe aufgeschrieben hast, nimmst du dir am besten ein zweites Blatt Papier zur Hand. Denn nun fügst du die Kreise zusammen, sodass sie überlappen.

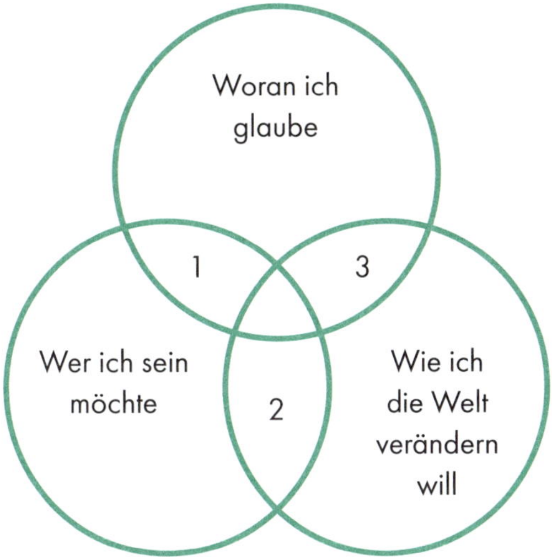

In die Kreise überträgst du nun auch deine Begriffe, jedoch mit einer Besonderheit: Sich doppelnde Begriffe oder ähnliche Gedanken trägst du in die jeweilige Schnittmenge ein. Das heißt: Sachen, die du sowohl bei »Woran ich glaube« als auch bei »Wer ich sein möchte« aufgeschrieben hast, schreibst du in das Feld mit der 1. Doppeltes oder sich Gleichendes aus »Wer ich sein möchte« und »Wie ich die Welt verändern will« kommt ins Feld mit der 2 und dasselbe Prinzip führst du bei »Woran ich glaube« und »Wie ich die Welt verändern will« aus (Feld 3).

Diese Schnittmengen stehen für einzelne Bereiche deines Lebens.

1: Hier stehen jetzt deine persönlichen Werte, das, was dir wichtig ist.

2: Hier stehen alle Dinge, die dir in Beziehungen wichtig sind.

3: Hier stehen deine Stärken und deine Werte, die du nach außen in die Welt trägst.

Diese Übung kannst du dir auch in diesem Video anschauen:

Jetzt, da du deinen Wert kennst, bestimmst du auch, wie du dich anhand dieses Wertes behandelst. Ein Beispiel verdeutlicht dir, warum das wichtig ist:

Du sitzt abends auf dem Sofa und versprichst dir, am nächsten Tag zum Sport zu gehen. Der folgende Tag kommt, du sitzt wieder auf dem Sofa, hast keine Motivation und gehst nicht. *Naja, hab ich mich halt umentschieden*, denkst du jetzt vielleicht. Doch eigentlich ist Folgendes passiert: Du hast dich nicht an dein eigenes Versprechen gehalten. Du hast dich angelogen. Was resultiert daraus? Du verlierst das Vertrauen in dich und somit auch deinen Wert. Denn – und das ist der Kern – in dem Moment, in dem du dein eigenes Versprechen an dich selbst einfach gebrochen hast, bist du respektlos mit dir umgegangen. Du hast keinen Respekt vor dir selbst gehabt. Du verlierst also deinen Wert und deinen Respekt vor dir und machst es damit zu einem Kinderspiel, dass von außen respektlos mit dir umgegangen und dein Fundament angekratzt wird.

Die folgende Situation kennst du vielleicht aus deinem eigenen Leben, als Geschichte aus dem Freundeskreis oder als Erzählung. Der Einfachheit halber stelle ich es so dar, als ginge es um dich.

Es gibt eine Person in deinem Umfeld, die nicht gut zu dir ist, die nicht gut mit dir umgeht. Vielleicht hänselt sie dich mit fiesen Sprüchen zu deiner aktuellen Situation, deinem Aussehen, deinem Lebensplan, deinem Beruf oder irgendeiner anderen Sache. Und du weißt nicht, wie du darauf reagieren sollst. Dass dir in diesen Momenten die passenden Worte für eine schlagkräftige Antwort fehlen, ist das kleinste Problem. Es gibt ein viel größeres Problem, das wir zuerst angehen müssen: Du wartest darauf, dass jemand anderes sich darum kümmert. Du wartest darauf, dass jemand kommt, die andere Person in ihre Schranken weist, dich an der Hand nimmt und aus der Situation in Sicherheit führt. Deshalb weißt du nicht, wie du reagieren sollst. Deshalb denkst du, dass du dieser Situation machtlos ausgeliefert bist, dass du gar nichts machen *kannst*.

Das Pflaster ziehe ich dir nun ab, denn das ist Quatsch.

In diesen Momenten gibst du die Verantwortung für dein Leben und für alles, was dazugehört, ab: für dein Wohlergehen, deine Zufriedenheit, dein Glück. Du machst dich von anderen abhängig und begibst dich selbst in die Position, ihnen damit wirklich ausgeliefert zu sein. Doch nur du hast die Macht über dich und auch nur du hast die Macht darüber, wie viel Macht du anderen über dich gibst. Ganz richtig, es geht um dein Fundament. Wenn du dich selbst mit Liebe und Respekt behandelst, dann kommen auch nur diese Werte von außen an dich heran. Respektloses Verhalten dir gegenüber lässt du gar nicht mehr zu. Du hast keinen Einfluss darauf, wie Menschen handeln und wie sie dich behandeln. Aber du kannst deine Perspektive und deinen Umgang damit ändern.

Deshalb, bitte, hör auf, auf deine Retterin zu warten, die dein ganzes Leben für dich regeln wird. Das wird nicht passieren. Es fängt bei dir an.

ANSTATT ZU SAGEN: *Rede nicht so mit mir.*

PROBIER ES MAL DAMIT: *Ich bleibe nicht in Gesprächen, in denen ich so angesprochen werde.*

Übrigens handelt die Person, die schlecht zu dir spricht, aus einem unerfüllten Bedürfnis heraus, was natürlich in ihrem eigenen Tuch verankert ist. Darüber lernst du noch mehr in der Kategorie »Familie und Freundinnen«.

Wie genau sehen diese Steuern aus?

Du hast jetzt nach und nach gelernt, was dein Wert ist und aus welchen Bausteinen sich deiner zusammensetzt. In der Überschrift zu diesem Kapitel steht jetzt aber noch irgendwas mit »Steuern«. Ganz richtig: »Noch Steuern draufzupacken« bedeutet, dass du dir nicht nur selbst deinen Wert bestätigst, sondern dich nur mit Menschen umgibst, die das auch tun. Die dich mit demselben Respekt behandeln, mit dem du dich behandelst und sie sich selbst auch.

Mein Umfeld sieht so aus: Ich respektiere meine Talente und ich habe nur Menschen um mich herum, die meine Talente respektieren. Ich bin für mich da, ich liebe mich und ich habe nur mit Menschen zu tun, die sich selbst lieben und die für sich selbst da sind. Im Prinzip kann man sagen, dass ich nur Menschen in mein Leben geholt habe, die dasselbe Verständnis und dieselbe Priorisierung von Respekt und Liebe in ihrem Leben haben. Und das wünsche ich mir auch für dich.

PROBIER ES MAL DAMIT

Zu guter Letzt bekommst du von mir eine Handvoll *Anstatt zu sagens* zu den üblichen Gedanken, die du dringend aufbrechen musst, um dein Mindset zu ändern.

DER PECHVOGEL

ANSTATT ZU SAGEN: *Ich habe immer Pech, alles geht schief.*

PROBIER ES MAL DAMIT: *Ich weiß, dass ich mein Schicksal beeinflusse und Glück in meinem Leben selbst erschaffe.*

DEINE LIEBENSWÜRDIGKEIT

ANSTATT ZU SAGEN: *Ich bin nicht liebenswert. Niemand wird mich jemals wirklich lieben.*

PROBIER ES MAL DAMIT: *Ich bin einzigartig und wertvoll. Ich habe Eigenschaften und Talente, die es verdienen, geliebt und geschätzt zu werden, also liebe ich sie!*

DIE VERÄNDERUNG

ANSTATT ZU SAGEN: *Ich habe es schon so oft versucht und es hat nie funktioniert. Warum sollte es diesmal anders sein?*

PROBIER ES MAL DAMIT: *Jeder Versuch, sich zu verbessern, ist ein Schritt in die richtige Richtung. Ich bin bereit, aus früheren Erfahrungen zu lernen und neue Ansätze auszuprobieren, um meine Ziele zu erreichen.*

DER ZWEIFEL

ANSTATT ZU SAGEN: *Warum bin ich immer so schlecht? Ich werde nie gut genug sein.*

PROBIER ES MAL DAMIT: *Ich verstehe, dass ich manchmal Zweifel habe, gleichzeitig bin ich einzigartig und wertvoll. Ich konzentriere mich auf meine Stärken und die Fortschritte, die ich bereits gemacht habe, und davon habe ich einige.*

DER VERGLEICH

ANSTATT ZU SAGEN: *Alle anderen sind so viel besser als ich. Ich werde nie mithalten können.*

PROBIER ES MAL DAMIT: *Ich vergleiche nicht mein Kapitel 2 mit dem Kapitel 35 einer anderen. Ich konzentriere mich darauf, mein Bestes zu geben und meinen eigenen Fortschritt zu verfolgen.*

Ich weiß, das ist ein ordentliches Paket an Wissen, das du jetzt erst mal verdauen musst. Wir haben auch wirklich viel und hart an deinem Fundament gearbeitet und du hast eine erste Idee davon bekommen, was ich mit *Mindsaid* meine: die Energie, die Macht und das Potenzial, das du in dir trägst, das irgendwo als Gefühl startet, sich zu Gedanken formt und als gesprochenes Wort endet.

Ich will nicht sagen, dass damit der schwerste Teil geschafft ist, denn so was lässt sich nicht pauschal sagen. Aber es ist ein großes erstes Stück, das viel Arbeit mit dir selbst bedeutet. Ja, das ist anstrengend, aber es gibt vermutlich nichts, was lohnenswerter wäre. Du kannst also ganz schön stolz auf dich und deinen ersten Meilenstein sein!

Was du damit alles meistern und erreichen kannst und wie du dadurch die verschiedenen Bereiche deines Lebens so änderst, wie du es dir schon immer gewünscht hast, behandeln wir in den folgenden Kapiteln.

Als Nächstes gehen wir in die Kommunikation und lassen uns schön die Worte um die Ohren fliegen. Vielleicht magst du eine kleine Pause machen oder aber du bist noch voll dabei. Dann lesen wir uns auf den nächsten Seiten.

PAAR-BEZIEHUNG

Bevor wir loslegen, habe ich eine Frage an dich: Was bedeutet für dich bedingungslose Liebe? Schreib dir deine Antwort auf, wir werden später noch mal darauf zurückkommen.

Mit 16 Jahren lernte ich meinen späteren Ehemann kennen. Natürlich innerhalb der Gemeinschaft, er war der große Bruder meiner damals besten Freundin. Er war sechs Jahre älter als ich und in der Hierarchie der Gruppe ganz oben angesiedelt. Ich dagegen befand mich im niedrigsten Rang. Der allgemeine Tenor war also: »Er ist viel zu gut für dich.« Zu Beginn glaubte ich das auch, denn er zeigte sich von seiner besten Seite. Er war romantisch, ein Gentleman, wie er im Buche steht. Er hat mir gezeigt, wie sehr er Gott liebt. Wie hätte ich mich also nicht Hals über Kopf verlieben sollen?

Wir heirateten zwei Jahre später – und ab dem Moment, als meine Unterschrift auf der Heiratsurkunde getrocknet war, war es auch mit der schönen Zeit vorbei. Stattdessen begann für mich ein langer Weg der Einsamkeit und des Leids. Sechs Jahre steckte ich in einer schlimmen Ehe fest, in deren Verlauf ich sogar ein Kind verlor, bevor ich die Kraft fand, mich zu lösen und damit auch die Gemeinschaft und mein altes Leben hinter mir zu lassen. In diesen sechs Jahren erlebte ich die ganze Klaviatur narzisstischer und soziopathischer Muster. Ich erinnere mich an einen Tag, als ich heftigste Magenkrämpfe hatte. Die Schmerzen waren so stark, dass ich auf dem Boden unseres Badezimmers zusammengekauert lag. Mein damaliger Mann kam ins Bad und setzte sich auf den Rand der Badewanne. Ich lag da zu seinen Füßen und bat ihn, mir zu helfen. Und dann entschuldigte ich mich immer und immer wieder bei ihm dafür, dass ich ihn mit meinen Schmerzen störte. Er saß nur schweigend auf dem Rand der Wanne und sah von oben auf mich herunter, und ich konnte in seinen Augen sehen, dass er Gefallen an der Situation fand. Sein Genuss wuchs, je länger es mir schlecht ging.

Ich war irgendwann in der Lage, seine Muster zu erkennen und einzuordnen und so auch seine Handlungen vorauszusehen. Muster und Manipulation wenden wir alle an, nur eben moderater. Dass sie per se nichts Schlechtes sind, darüber werden wir auf den folgenden Seiten sprechen.

Von außen ist ein solches Verhalten wie von meinem damaligen Mann leicht zu verurteilen. Doch die Beweggründe, weshalb jemand so agiert wie er, resultieren auch nur aus den eigenen Traumata: die Angst, die Kontrolle zu verlieren, die Angst vor und das Gefühl von Einsamkeit, Hilflosigkeit, eigene Verletzungen. Doch die Handlungen, die daraus resultieren, könnten unterschiedlicher nicht sein.

Ein Beispiel: Ein Junge in Amerika möchte Anwalt werden. Ein Junge aus dem Nahen Osten möchte ein Mädchen heiraten, das er gar nicht kennt. Beide wollen, dass ihre Eltern stolz auf sie sind.

Dieses Beispiel zeigt, von wie vielen unterschiedlichen Faktoren die Handlungen abhängig sind, die aus derselben Motivation resultieren – örtliche, soziale, historische, gesellschaftliche. Gleich jedoch ist der Beweggrund, der wiederum aus derselben dominanten Absicht hervorgeht.

Das waren meine ersten Erfahrungswerte in der Welt der Paarbeziehungen. Und obwohl sie so furchtbar gewesen sind und mich letztendlich mit zu der Entscheidung getrieben haben, mein Leben von Grund auf zu ändern, dachte ich lange, dass Paarbeziehung nun mal so funktioniert.

Die Beziehungen, die ich nach meiner Ehe führte, waren absolut erschreckend für mich. Denn auch wenn diese Erfahrungen schmerzhaft waren, dachte ich, dass es völlig normal gewesen sei, wie ich behandelt wurde. Wenn ich in einer neuen Beziehung einmal zehn Minuten zu spät zu einer Verabredung kam, hatte ich eigentlich erwartet, dass ich nun angeschrien werden würde. Immerhin hatte ich mich ja verspätet. Doch mein Freund meinte nur: kein Problem. Das löste eine Überforderung aus, mit der ich noch weniger zurechtkam, als wenn er mich angeschrien hätte. Ob ich wollte oder nicht, aber die Prägung aus diesen sechs Jahren meiner Ehe hatte sich festgesetzt.

Es brauchte einiges an Arbeit, und noch heute habe ich Momente, in denen meine Alarmglocken in Situationen klingeln, die für andere ganz normal sind. Doch sie sind eigentlich auch ein schönes Beispiel dafür, dass man nie damit fertig ist, das Tuch abzulegen. Die Arbeit ist kein Ziel, das man erreicht, sondern ein Prozess, zu dem man sich entschließt. Und zwar dauerhaft.

HIGH EXPECTATIONS – ERWARTUNGSHALTUNGEN IN DER PARTNERSCHAFT

Kommunikation und *Mindsaid* in Partnerschaften unterscheiden sich von anderen Beziehungen. Warum? Die Antwort darauf ist ganz simpel: Weil wir mehr Erwartungen haben. Dein Partner nimmt einen ganz besonderen Platz bei dir und für dich ein. Somit unterscheiden sich Partnerschaften von anderen Beziehungen in deinem Leben (Familie, Freunde, Business), und das beginnt schon beim Kennenlernen: Vor einem ersten Date bist du aufgeregt, deine Gedanken kreisen die ganze Zeit um den anderen und jede Nachricht wird bis ins kleinste Komma analysiert. Wenn du dagegen überlegst, wann du zuletzt eine neue Freundin kennengelernt hast und wie dieses Kennenlernen abgelaufen ist – das war viel entspannter, stimmt's?

Wir bekommen Paarbeziehungen vorgelebt: von unseren Eltern, in Filmen, im Fernsehen und in Geschichten. Dadurch entsteht in unseren Köpfen das Bild, wie eine Beziehung sein sollte. Wer mit Disney-Filmen groß geworden ist, hat vermutlich enorme Erwartungen an eine Paarbeziehung, und damit ist das Thema schon mit Druck beladen, noch bevor man überhaupt jemanden kennengelernt hat.

Wir wurden mit dem Bild der vermeintlich perfekten Beziehung geprägt. Im Gegensatz dazu ist beispielsweise unsere Erwartung an die Chefin oder eine Kollegin viel geringer oder gar nicht vorhanden. Warum? Weil uns ebenfalls beigebracht wurde, dass ein fremder Mensch dir nichts geben muss. In anderen Worten: dass man an einen fremden Menschen keine Erwartungen stellt.

Anders verhält es sich eben mit dem Partner. Wir erwarten, dass er nach kürzester Zeit alles über uns weiß und uns bis ins kleinste Detail kennt. Diese Haltung kommt aber gar nicht aus dem romantischen Glauben, dass man seinen Seelenverwandten gefunden hat. Vielmehr greifen wir auch hier auf die Erfahrungswerte zurück, die wir haben. Und die Personen, mit denen wir bisher die innigsten Beziehungen geführt haben, die uns wirklich bis ins Mark kennen (zumindest bis zu einem gewissen Alter), sind unsere Mutter, unser Vater oder eben die Personen, die uns großgezogen haben. Und aus irgendeinem Grund erwarten wir, dass ein Fremder, den wir erst seit kurzer Zeit kennen und nun Partner nennen, uns genauso gut kennt wie unsere Eltern. Dass dieser Partner immer weiß, wie es uns geht, was unser aktuelles Bedürfnis ist – und das am besten ganz ohne dass wir uns mitteilen. Spoiler: Das funktioniert nicht.

Ist dir schon mal aufgefallen, dass du dich um deinen Partner kümmerst? Dass du ihn um- und versorgst, so weit, dass man von bemuttern sprechen kann? Dann schöpfst du eben aus genau diesen Erfahrungsmustern, deiner Erfahrung mit deiner Mutter oder der fürsorgenden Person. Das Tragische ist allerdings, dass sich damit auch die Erwartungshaltung entwickelt, dass der Partner dich nicht verlässt – so wie eben die Bindung einer Mutter zu ihrem Kind so gut wie unzerstörbar ist. Das verschiebt Zuständigkeiten, Verantwortlichkeiten und führt zu einer Beziehung, die nicht gemeinsam auf Augenhöhe praktiziert wird, sondern über Abhängigkeit funktioniert.

Wie kommt das? Die meisten Leute – und vielleicht gehörst du da auch dazu – führen Beziehungen, weil sie glauben, ihnen fehle sonst etwas.

Die Erwartungshaltung ist, dass der Partner die andere Hälfte ist, das, was sie komplett macht. Dass er einen heilt. Aber das ist nicht seine Aufgabe. Ich muss es noch mal schreiben, damit es wirklich klar wird:

Dein Partner ist nicht dazu da, um dich »ganz« zu machen, und er ist auch nicht verantwortlich für dein Glück!

Dreh den Spieß gedanklich einmal um: Stell dir vor, Du allein bist dafür verantwortlich, dass dein Partner glücklich ist. Glücklich, nicht zufrieden. Und zwar immer. An jedem Tag und zu jedem Zeitpunkt liegt es nur an dir, dass er glücklich ist. Puh, ganz schöner Stress, oder? Ich bekomme allein bei der Vorstellung ein Ziehen im Bauch und Druck im Brustkorb. Denn das ist eine Erwartungshaltung, die nicht zu erfüllen ist. Abgesehen davon, dass dein persönliches Glück allein deine Aufgabe ist, ist es auch unmöglich zu schaffen. Selbst wenn man diese Aufgabe als Vollzeitjob ausüben würde.

Je höher die Erwartung ist (und die ist gerade enorm), desto größer ist auch die Enttäuschung, die darauf folgt.

Den Druck kann man nur rausnehmen, wenn man um den Druck weiß. Wahrnehmung ist ein unfassbar starkes Instrument, denn es macht Probleme und Schmerzpunkte sichtbar – und damit greifbar. Über Wahrnehmung hast du in den vorangegangenen Kapiteln schon gelesen, es wird auch noch weitere Male vorkommen im Laufe des Buches. Denn etwas wahrzunehmen ist häufig der erste Schritt, um das eigene Verhalten zu ändern.

Um den Druck zu verringern, muss man die eigenen Erwartungshaltungen und die des Partners wahrnehmen. Und jetzt kommt der ganz große Knackpunkt: Gerade in Paarbeziehungen sprechen wir unsere Erwartungen nicht aus. Wir *erwarten* ja, dass der Partner darum weiß.

Verrückt, oder?

Der Partner muss dann raten, was wir wollen und fühlen, und hoffen, dass er auf das Richtige getippt hat. Und weil das noch nicht reicht, wird es jetzt noch absurder: Wir erwarten, dass unser Partner uns ohne Worte versteht und uns unsere Bedürfnisse von den Augen ablesen kann. Wir sitzen da und warten darauf, dass dieses Wunder passiert, während wir uns gleichzeitig nicht trauen, unsere Bedürfnisse einfach bei unserem Partner auszusprechen aus Angst vor Ablehnung oder davor, den Partner zu verlieren – der Person, die uns so nahesteht, mit der wir eine so innige Beziehung führen wie mit sonst niemandem.

Genau hier liegt schon der erste Denkfehler. Wenn du bei dem Absatz gerade genickt hast und dachtest, ja genau, der Partner ist der, mit dem man die stärkste Beziehung führt in seinem Leben, mach an dieser Stelle eine Pause und widme dich noch mal mit ganzer Aufmerksamkeit dem Kapitel »Dein Mindset«. Denn nicht zu deinem Partner unterhältst du die innigste Beziehung, auch nicht zu deiner Familie oder zu Freunden. Nein, allein zu dir – **deine Beziehung zu dir selbst ist die allerinnigste, wichtigste und stärkste, die du hast.** Denn nur, wenn die Beziehung zu dir selbst stark und gesund ist, kommst du nicht in eine solche Situation, dass du Angst davor hast, deine Bedürfnisse mitzuteilen. Dann wird dir nämlich klar, dass eine solche Beziehung, in der du Angst hast, nicht auf Vertrauen basiert, sondern auf Abhängigkeit.

Exkurs: Welcher Bindungstyp bist du?

Wie überall im Leben verhalten wir uns auch in Paarbeziehungen nach Mustern. Diese Verhaltensweisen wiederholen und ähneln sich bei allen Menschen, weshalb man in der Psychologie vier allgemeine Bindungstypen definieren kann:

> **Der unsichere und ängstliche Bindungstyp:** Diese Personen haben große Probleme mit ihrem Selbstvertrauen und Selbstwertgefühl. Weil sie in ständiger Angst leben, verlassen zu werden, brauchen sie viel Bestätigung, Aufmerksamkeit und Zuneigung. Gleichzeitig vermeiden sie Konfrontationen – genau aus der Angst, verlassen zu werden.

> **Der freiheitsliebende Typ:** Diese Personen haben das Gefühl, dass sie durch eine Beziehung eingeschränkt werden. Die eigene Unabhängigkeit und Freiheit ist ihnen unbeschreiblich wichtig, weshalb sie Beziehungen meist gar nicht erst eingehen. Und wenn doch, haben sie Schwierigkeiten, ihre eigenen Gefühle auszudrücken, sich ihre Freiräume zu schaffen oder auch um Hilfe zu bitten. Deshalb werden sie von ihrem Umfeld oft als distanziert oder desinteressiert wahrgenommen.

> **Der bindungsängstliche Typ:** Diese Personen haben ebenfalls Bindungsängste, doch sie vermeiden es, Beziehungen einzugehen, weil sie mit einem geringen Selbstwertgefühl zu kämpfen haben. Wenn sie in einer Beziehung sind, haben sie Angst vor Intimität und Schwierigkeiten damit, Vertrauen aufzubauen, sie sind misstrauisch und übervorsichtig.

> **Der sichere Bindungstyp:** Ganz genau, das klingt gesund. Ist es auch. Denn diesen Personen fällt es leicht, Beziehungen einzugehen und starke und fürsorgliche Partnerschaften aufzubauen. Vertrauen und Intimität sind ihnen ebenso wichtig wie es ihnen leichtfällt, diese zu schaffen.

Du hast eine Ahnung, aber bist dir noch unsicher, welchem Beziehungstyp du entsprichst? Für jeden Bindungstyp gibt es ganz typische Aussagen – und natürlich auch Wege, wie man es besser sagen könnte. Vielleicht helfen dir die folgenden Beispiele weiter.

UNSICHERER UND ÄNGSTLICHER BINDUNGSTYP

ANSTATT ZU SAGEN: *Du hast nie Zeit für mich.*

PROBIER ES MAL DAMIT: *Ich bin stolz auf dich, dass du so ambitioniert bei der Arbeit bist. Doch ich würde mir wünschen, dass wir uns mehr Zeit nehmen, die wir beide gemeinsam verbringen können. Hast du eine Idee?*

FREIHEITSLIEBENDER BINDUNGSTYP

ANSTATT ZU SAGEN: *Kannst du aufhören, mir so viel zu schreiben?*

PROBIER ES MAL DAMIT: *Ich brauche Zeit, um auf deine Nachrichten antworten zu können.*

BINDUNGSÄNGSTLICHER TYP

ANSTATT ZU SAGEN: *Du denkst nie an mich.*

PROBIER ES MAL DAMIT: *Ich habe das Gefühl, du gehst nicht auf mich ein. Ich wünsche mir mehr Aufmerksamkeit von dir. Wie siehst du das?*

SICHERER BINDUNGSTYP

ANSTATT ZU SAGEN: *Ich liebe dich.*

PROBIER ES MAL DAMIT: *Ich liebe deine Art zu denken und fühle mich sicher mit dir.*

Die meisten Beziehungen sind keine gleichwertigen Partnerschaften, sondern Abhängigkeiten. Abhängigkeit sieht so aus: Du fühlst dich wie 50 Prozent, deshalb suchst du einen Partner, der deine restlichen 50 Prozent auffüllt. Damit ihr gemeinsam 100 Prozent sein könnt.

Damit gibst du wieder Verantwortung für dich ab. Viel dramatischer noch: Die Angst, die du davor hast, deine »bessere Hälfte« zu verlieren, ist naheliegend. Denn wenn diese Person dich erst ganz macht und dann wieder verschwinden sollte, würdest du ja wieder die Hälfte von dir verlieren. In der Wirtschaft müsste die Person übrigens nur ein Prozent mehr von dir haben, um die Mehrheitsanteile an dir zu haben, womit du in seinen Besitz fallen würdest. Aus dieser Perspektive klingt es gleich gar nicht mehr so romantisch, oder?

Die zweite Rechnung, wenn man so will, die ich dir jetzt zeige, führt hoffentlich zu einem weiteren Boom-Moment. Denn 100 Prozent Glück klingen vielleicht viel, sind aber lange nicht das Maximum, das du erreichen kannst. Eine gleichwertige Partnerschaft, eine Partnerschaft auf Augenhöhe, sieht so aus:

Du bist zu 100 Prozent erfüllt und glücklich mit dir und deinem Leben. Du lernst jemanden kennen, der ebenfalls zu 100 Prozent glücklich mit seinem eigenen Leben ist. Ihr geht eine Beziehung ein und gemeinsam erreicht ihr 4000 Prozent Glück. (Die Mathematikerinnen unter euch mögen jetzt den Kopf schütteln, aber es ist Fakt! Allerdings kann man das nicht mit einem mathematischen Lösungsweg beweisen, sondern nur durch ganz praktische Erfahrung.)

Bedingungslose Liebe und was sie für mich bedeutet

Du kennst jetzt den Unterschied zwischen Partnerschaft auf Augenhöhe und Abhängigkeit und mit etwas Glück hast du für dich herausgefunden, welcher Beziehungstyp du bist. Das führt mich zurück zu der Frage, die ich dir am Anfang des Kapitels zu den Paarbeziehungen gestellt hatte: Was bedeutet für dich bedingungslose Liebe?

Ich möchte, dass du dir deine Antwort einmal durchliest. Bist du noch derselben Meinung oder hat sich diese auf den vergangenen Seiten schon verändert? Falls ja, nimm dir die Zeit, eine neue Antwort zu formulieren.

Bevor ich dir meine Antwort auf die Frage verrate, sollst du wissen, dass es keine richtige oder falsche Antwort gibt. Deine Antwort zeigt, in welchem Entwicklungsschritt du dich befindest. Wenn deine Antwort beispielsweise lautet, dass bedingungslose Liebe bedeutet, seine bessere Hälfte zu finden – so wie in dem Beispiel, das ich dir vorhin gegeben habe –, dann ist diese Antwort nicht falsch. Es zeigt lediglich, dass da noch ein gutes Stück Arbeit vor dir liegt. Aber aus genau diesem Grund hast du dir dieses Buch ja auch gekauft!

Meine Antwort ist also nicht die »richtige«, ein Richtig oder Falsch gibt es hier nicht, sondern zeigt das Maximum an Bedingungslosigkeit, das möglich ist. Neugierig? Los geht's.

Bedingungslose Liebe bedeutet, dass deine Liebe an keine Bedingung geknüpft ist. Klingt erst mal einleuchtend. Aber nimm dir einen Moment, dir bewusst zu machen, was »keine Bedingung« eigentlich bedeutet – nämlich keine einzige, nicht mal die kleinste oder selbstverständlichste. Es bedeutet beispielsweise nicht, dass dich jemand zurücklieben muss oder dir Aufmerksamkeit schenken oder anderes. **Bedingungslose Liebe bedeutet, dass du die Person aufrichtig und von ganzem Herzen liebst, ohne selbst etwas von ihr zu erwarten.**

Das drastischste Beispiel für wahrhaft bedingungslose Liebe wäre, dass sich dein Partner in deine beste Freundin verliebt – und du Glück für ihn empfinden und dich ganz aufrichtig freuen würdest, weil er seine große Liebe gefunden hat. Eben weil du ihn frei von jeglicher Bedingung einfach liebst und nicht nur, wenn er dich zurückliebt oder dir »gehört«. Und wer das tut, will für den anderen immer das Bestmögliche, ohne auch nur eine Sekunde an sich zu denken.

Das Gleiche gilt übrigens auch für Selbstliebe: Liebst du dich bedingungslos oder liebst du dich nur unter der Prämisse, dass du erfolgreich bist? Produktiv? Schlank?

Es ist nicht unmöglich, wirklich so bedingungslos zu lieben. Es ist meine feste Überzeugung, dass man das leben kann. Es bedeutet allerdings auch viel harte Arbeit, einen langen und anstrengenden Prozess und viel Heilung. Irgendwann jedoch erreicht man diesen Punk, ab dem man die völlige Bedingungslosigkeit erfährt. Und das ist die purste Form von Liebe. Es sind die wahrsten Gefühle, die du haben kannst, denn es bedeutet nicht: Ich liebe dich nur, wenn du mich liebst. Sondern es bedeutet: Ich liebe dich. Punkt.

STREIT – UND WIE ES DAZU KOMMT

Eines gleich vorweg: Konflikte wird es immer geben. Wir sind soziale Wesen, aber wir sind auch ganz individuell, und dass in unserem Miteinander Reibung entsteht, ist ganz natürlich. Konflikte kannst du dir als kleines Feuerchen vorstellen. Die Frage ist nun, was du reingießt: Wasser oder Öl?

In den folgenden Abschnitten untersuchen wir, welche »Öle« wir immer wieder ins kleine Feuer schütten und damit einen handfesten Konflikt erzeugen.

Wie du Öl ins Feuer gießt

Führe dir folgendes Szenario vor Augen:

Du hast einen unfassbar langen Tag gehabt. Auf der Arbeit gab es Meetings, die viel Zeit gefressen und keine Lösungen gebracht haben, du musstest eine kranke Kollegin vertreten, und auch sonst war es ein stressiger Tag. Nachdem du eine Stunde länger gearbeitet hast, kommst du endlich nach Hause und freust dich auf einen gemütlichen Abend. Denn heute ist der wöchentliche Kochabend von deinem Partner und dir, an dem ihr gemeinsam in aller Ruhe das Abendessen zusammen vorbereitet und ein Glas Wein beim Kochen trinkt. Diese Abendplanung ist das Einzige, was dich den heutigen Tag hat überstehen lassen. Während du in die langersehnte Jogginghose schlüpfst, geht dein Partner noch mal los, um schnell noch die restlichen Zutaten für euer Abendessen zu kaufen. Er ist schon halb durch die Tür, da rufst du ihm hinterher, dass er dir deine Lieblingsschokolade mitbringen soll. Du hörst ein Ja, kurz bevor die Türe ins Schloss fällt. Ein spontaner Einfall, der den Tag zu einem wirklich perfekten Ausklang bringen wird. Jetzt freust du dich noch ein bisschen mehr. Denn diese Schokolade ist nicht nur dein Favorit, weil sie dir so gut schmeckt, sondern weil du auch schöne Erinnerungen mit ihr verbindest. Als du klein warst, haben deine Schwester und du die Schokolade heimlich aus der Naschischublade geklaut und dann im Kinderzimmer gegessen, unter der Bettdecke versteckt. Das war euer kleines Geheimnis, ein Ritual, das ihr sogar bis ins Teenie-Alter beibehalten habt. Die Erinnerung an diese ganz besonderen Momente und das warme Gefühl, das du dabei verspürst, sind das i-Tüpfelchen für deinen heutigen Abend, der dich den ganzen schrecklichen Tag vergessen lässt. Einige Zeit später kommt dein Freund wieder nach Hause, packt die Tüten aus, und du siehst: Die Schokolade ist nicht dabei.

Wie würdest du reagieren?

Ich kann dir sagen, wie 90 Prozent der Leute in so einer Situation reagieren:

»Wieso hast du das vergessen? Du weißt genau, dass ich die Schoki haben wollte! Ich hab es dir noch hinterhergerufen und du hast mich auch gehört. Warum kannst du nicht ein Mal an mich denken? Immer vergisst du es, wenn ich dich mal um etwas bitte. Nie ist wichtig, was ich will, es geht immer nur um dich.«

Vielleicht hättest du auch so oder ähnlich reagiert und kannst die Reaktion nachvollziehen. Dann weißt du auch, was in unserem Beispiel als Nächstes passiert. Richtig, dein Freund reagiert trotzig, höchstwahrscheinlich kommt es zum Streit, die schöne Stimmung ist im Eimer, und statt eines gemütlichen gemeinsamen Dinners gibt es eine trockene Scheibe Brot, schweigend auf dem Sofa.

Was ist hier passiert?

Du verknüpfst die Schokolade nicht nur mit einem Genuss, sondern mit einer Emotion – mit ebendiesem warmen Gefühl, wenn du an die schönen Erinnerungen aus deiner Kindheit denkst. Heute Abend hättest du sie wirklich gebraucht.

Ohne drüber nachzudenken, erwartest du, dass dein Partner weiß, dass diese Schokolade dir wichtig ist und warum. Immerhin hast du ihm bei eurem ersten Date davon erzählt. Doch für ihn ist es in diesem Moment einfach nur Schokolade. Du fragst dich also, warum sie ihm nicht so wichtig ist wie dir, und schneller, als du es überhaupt mitbekommst, wickelt sich dein Tuch enger um deinen Lieblingsgegenstand und du denkst, dass du ihm nicht wichtig bist. Mit dieser Überzeugung können die Emotionen schon mal hochkochen.

Was auf diese Erwartungshaltung folgt, vielmehr was aus ihr resultiert, sind die Vorwürfe. Vorwürfe sind das Ergebnis, wenn der Prozess um *Mindsaid* ungesund ist: »Du vergisst meine Bedürfnisse immer, nie ist dir etwas wichtig, es geht immer nur um dich.«

Fällt dir etwas auf? Zwei Dinge sind hier ganz bezeichnend.

Hier haben wir zum einen – ein Klassiker bei Vorwürfen – die Du-Sprache. Das ist die verbale Form eines ausgestreckten Zeigefingers und es passiert ganz von allein, dass sich dein Freund angegriffen fühlt. Denn indem du die Du-Ansprache wählst, unterstellst du ihm direkt all diese Dinge, und sofort wechselt er in einen Modus, in dem er sich verteidigen muss. Schließlich wird er ja gerade angegriffen. Und fühlt sich möglicherweise total ungerecht behandelt; immerhin war er doch für euer Abendessen einkaufen. Was du nicht weißt, ist, dass er sich um die letzte Aubergine fast prügeln musste und ewig in der langen Schlange an der Supermarktkasse stand.

Du kannst also gar nicht wissen, ob er diese Dinge aus den Gründen getan hat, die du ihm vorwirfst. Und selbst wenn, kannst du nicht für ihn sprechen. Alles, was du tun kannst, ist zu formulieren, wie du dich dadurch fühlst. Doch dazu kommen wir später.

Die zweite Sache, die dir vielleicht aufgefallen ist, sind die Pauschalisierungen: »immer«, »nie«, »wieder«. Das sind drei Wörter, die du für den Rest deines Lebens streichen kannst. Ich gebe dir eine pauschale Aussage, und das ist wirklich die einzige, die du ab jetzt benutzen darfst:

Pauschalisierungen haben noch nie jemandem geholfen.

ANSTATT ZU SAGEN: *Immer muss ich die Wäsche machen.*

PROBIER ES MAL DAMIT: *Ich habe das Gefühl, dass ich in letzter Zeit häufiger die Wäsche mache. Ich freue mich, wenn wir uns in Zukunft gemeinsam darum kümmern, damit wir mehr Zeit miteinander haben.*

ANSTATT ZU SAGEN: *Nie meldest du dich bei mir.*
PROBIER ES MAL DAMIT: *Ich freue mich über jede einzelne Nachricht von dir.*

ANSTATT ZU SAGEN: *Du hast schon wieder die Milch vergessen.*
PROBIER ES MAL DAMIT: *Ich habe das Gefühl, dass du in letzter Zeit weniger an den Haushalt denkst. Ich würde mich freuen, wenn du in Zukunft darauf achtest.*

Pauschalisierungen und die damit verbundenen Vorwürfe nutzen wir, um uns auf ein Podest zu stellen und auf die andere Person runterschauen zu können. Damit wir uns besser fühlen, weil der andere sich schlecht fühlt.

Jetzt in diesem Moment, wo du das liest, empfindest du den letzten Satz sicher nicht als gut oder erstrebenswert, oder? Jemand, der sich über andere stellt, bist du ja nicht. Deshalb passiert das auch nur in einer Streitsituation oder wenn du dich aufregst, weil dein Freund die Schokolade vergessen hat. Es ist nur dein Tuch, dein Ego, das in diesem Moment bestätigt werden will.

Zugegeben, unser Beispiel ist auch eine Extremsituation. Zu einer eh schon schwierigen Erwartungshaltung kommt hier nämlich noch der Faktor Hunger hinzu, und der bereitet ja nur zu gerne den Weg für einen perfekten Streit.

Du hast ständig 27 Tabs geöffnet

Man sagt nicht umsonst, dass das Gehirn ein Supercomputer ist. Der Vergleich passt nicht nur zur Leistung, sondern auch zu der Funktionsart. Stell dir das Gehirn als einen Internetbrowser vor: Wenn man über etwas nachdenkt, öffnest sich im Gehirn ein Tab, in dem man das Thema bearbeitet. Das Prinzip ist bei allen Gehirnen gleich, den männlichen wie den weiblichen. Der Umgang damit ist aber komplett unterschiedlich – und das führt häufig zu Missverständnissen. Um diese in Zukunft zu vermeiden, zeige ich dir, wie wir eigentlich ticken.

Fangen wir mit den Männern an. Das Gehirn eines Mannes funktioniert so: Es gibt die häufig genutzten Tabs, beispielsweise Sport, Freundin, Arbeit. Wenn ein Mann an »Fußball« denkt, öffnet sich der Sport-Tab, er denkt über Fußball nach. Wenn er fertig damit ist, schließt sich der Tab wieder und der nächste öffnet sich, zum Beispiel der Freunde-Tab, weil er seinen Kumpels dann schreibt, ob sie sich eigentlich mal wieder zum Fußballspielen treffen wollen. Männer haben immer nur ein Tab offen, ein Thema nach dem anderen wird fein säuberlich abgearbeitet und alles hat seine Ordnung. Der Vorteil an dieser Funktionsweise ist der Fokus, den sie damit auf das jeweilige Thema haben. Der Nachteil ist, dass sie nicht aufnahmefähig sind, wenn es um andere Themen geht. Denn dafür müsste erst wieder ein neuer Tab geöffnet werden.

Das weibliche Gehirn dagegen funktioniert nicht so. Eine Frau denkt an zig Sachen gleichzeitig: *Ich muss noch Wäsche waschen, wo ist eigentlich mein roter Pullover? Da fällt mir ein, ich wollte mich schon längst bei meiner Schwester gemeldet haben, mit der habe ich nämlich damals den Pullover gekauft. Apropos kaufen, ich brauche ein neues Paar Sportschuhe. Ah, mal die Mädels fragen, ob sie morgen mit ins Gym wollen. Ach ja, einkaufen – ich muss eine Einkaufsliste schreiben. Was brauche ich denn? Herrje, der Kühlschrank sieht aber dreckig aus, ich putze den schnell.*

Und so geht das immer weiter. Frauen öffnen einen Tab, kommen dadurch auf ein anderes Thema und öffnen einen weiteren Tab. Irgendwann sind in dem weiblichen Gehirn 27 Tabs geöffnet, irgendwo läuft Musik und vielleicht hat man vergessen, welches Tab man zuerst geöffnet hat. Aber man ist immer in der Lage, auf jedes schnell zu reagieren. Der Vorteil des weiblichen Gehirns liegt klar auf der Hand: Multitasking.

Ein weiterer Unterschied, der ausschlaggebend für die Kommunikation zwischen Mann und Frau ist, ist die Art, wie man Probleme löst.

Für das männliche Gehirn hat das Finden einer Lösung immer oberste Priorität. Sieht es sich mit einem Problem konfrontiert, macht es sich umgehend auf die Suche nach der dazu passenden Lösung. Sprich, Männer gehen in sich, denken über das Problem nach und kommen dadurch auf die passende Lösung.

Das weibliche Gehirn hingegen hat mit Sicherheit schon irgendwo einen Tab mit der richtigen Lösung geöffnet. Um den zu finden, muss sie über das Problem sprechen. Vielleicht kennst du dieses Phänomen von dir selbst: Du erzählst einer Freundin von einem Problem, das dich umtreibt, und während du darüber sprichst, wird dir klar, wie du das Problem lösen kannst.

Was bedeutet das jetzt für die Kommunikation, wenn ein männliches und ein weibliches Gehirn aufeinandertreffen?

Kommen wir wieder zu einem Beispiel. Falls du mir auf TikTok oder Instagram folgst, weißt du, dass ich am liebsten sehr konkret über Themen spreche, und zwar mithilfe von Beispielen. Damit wird theoretisches Wissen, das sich immer etwas vage anfühlt, so greifbar gemacht und ich will ja, dass du mit meinen Informationen ganz konkret arbeiten kannst.

Stell dir vor, du kommst von der Arbeit nach Hause. Dein Freund sitzt auf dem Sofa und spielt an der Konsole. Ganz klar rettet er gerade die Welt vor Außerirdischen. Du setzt dich neben ihn und beginnst zu erzählen, was schon den ganzen Heimweg an dir genagt hat. Denn deine Kollegin hat dich heute vor eurer Chefin angeschwärzt, hat Dinge erzählt, die gar nicht wahr sind. Was passiert derweil in seinem Gehirn? Während du schon 40 Sekunden lang geredet hast, schließt sich in seinem Gehirn gerade erst der Tab »Playstation«. Jetzt muss er den neuen Tab »Freundin zuhören« finden und öffnen – in der Zeit hast du vermutliche weitere tausend Wörter gesagt.

Irgendwann, mittendrin, ist er dann in der Lage, einen Wortfetzen von dir aufzuschnappen, in dem du dich gerade über deine Kollegin und deine Chefin auslässt. Aufgrund der Art, wie das männliche Gehirn nun mal funktioniert, macht er das für ihn einzig Logische: Er schließt den Tab »Freundin zuhören« und öffnet einen neuen für »Lösung finden«. Kurz darauf schaut er dich an und sagt: »Dann sprich morgen mit deiner Chefin und sag ihr, wie es wirklich gewesen ist.«

Dein Freund ist völlig zufrieden mit seiner Performance, immerhin hat er das Problem gelöst. Du aber sitzt da und denkst dir: »Danke für nichts. Natürlich werde ich morgen mit meiner Chefin reden, das weiß ich schon selbst, dafür erzähle ich dir das aber nicht.« Ein Gefühl von Zufriedenheit kommt bei dir ganz und gar nicht auf. Denn du wolltest keine Lösung von ihm. Du wolltest, dass er dir einfach nur zuhört, während du den ganzen Frust loswirst.

Wie kannst du zukünftig solche Situationen vermeiden?

Dafür habe ich einen Tipp für dich und einen für deinen Partner – und der ist mindestens Gold wert für all eure zukünftigen Gespräche.

Tipp: Versuch es mit **Preframing.**
Preframing bedeutet, dass du, bevor du überhaupt beginnst zu erzählen, den Rahmen absteckst, was du dabei von deinem Partner brauchst. Damit der andere deine Erwartungen auch kennt. Bei unserem Beispiel eben war deine Erwartungshaltung, dass er dir einfach zuhört und dir nicht irgendeinen gut gemeinten Ratschlag gibt. Zukünftig formulierst du eine Art Einleitung. Das klingt dann in etwa so: *»Heute auf der Arbeit ist etwas passiert, das mich sehr beschäftigt. Ich will dir gern davon erzählen, weil ich es mir von der Seele reden will. Hast du eine halbe Stunde für mich?«*

Dadurch erreichst du, dass dein Freund den Playstation-Tab schließt und den für »Freundin zuhören« öffnet – und auch geöffnet lässt –, bevor du anfängst zu reden. Du kannst dir also gewiss sein, dass du seine volle Aufmerksamkeit hast und er dir zuhört, ohne in seinem Kopf schon auf der Suche nach einer Lösung zu sein.
Für denjenigen, der zuhören soll, habe ich folgenden Rat: Wenn deine Freundin dich bittet, ihr zuzuhören, weil sie sich etwas von der Seele reden will, dann tu genau das – hör ihr einfach zu. Den Tab zur Lösungsfindung kannst du direkt geschlossen lassen, das schafft sie schon allein. Was du stattdessen tun kannst, ist, ihr Fragen zu ihren Schilderungen zu stellen oder dich sogar mit ihr gemeinsam über ihre hinterhältige Kollegin aufzuregen. Damit vermittelst du ihr das Gefühl, hinter ihr zu stehen. Und sollte sie jedoch eine Lösung von dir wollen, wird sie dich ganz direkt danach fragen.

Männer und Frauen nicken tatsächlich unterschiedlich

Es gibt eine Geste, die wir alle im Gespräch machen, Männer wie Frauen – nur mit völlig unterschiedlichen Bedeutungen.

Ich meine das Nicken. Männer nicken als Zeichen, dass sie ihrem Gegenüber zustimmen. Frauen nicken als Zeichen, dass sie ihrem Gegenüber zuhören.

Daraus ergeben sich folgende Missverständnisse: Wenn eine Frau spricht und der Mann nickt nicht, glaubt sie, er hört ihr nicht zu. Wenn ein Mann spricht und eine Frau nickt, dann glaubt er, sie stimmt ihm die ganze Zeit zu. Selbst wenn es nichts gibt, was ihrer Zustimmung bedürfte.

Dazu habe ich ein tolles Beispiel:

Ich habe einen guten Freund – damit er anonym bleibt, nenne ich ihn Martin. Er ist Ingenieur und auch sonst ein sehr logisch denkender Mensch. Dagegen sind Dinge wie nonverbale Kommunikation oder Zwischenmenschliches nicht unbedingt seine Stärken. Einmal haben wir uns auf einen Kaffee getroffen und er hatte so schlechte Laune, dass er förmlich mit einer Gewitterwolke über seinem Kopf herumlief. Als ich ihn fragte, was denn los sei, erzählte er mir, dass er sich mit seiner Freundin, ich nenne sie Lisa, gestritten hatte. Es war ein Streit, den sie immer wieder führten, weil Lisa das Gefühl hatte, er würde ihr nie richtig zuhören. Dabei war er immer bemüht, ihr ganz genau zuzuhören. Ich erzählte ihm von der unterschiedlichen Bedeutung des Nickens und gab ihm zur Aufgabe, das zu ändern und einmal darauf zu achten, was passieren würde. Ein paar Tage später schrieb er mir folgende Nachricht:

»Mia, das ist ja unglaublich! Wie viele Missverständnisse Lisa und ich allein wegen einer Kopfbewegung hatten. Ich habe ihr erst ein oder zwei Tage nach unserem Gespräch davon erzählt, ich wollte das erst mal für mich beobachten. Und tatsächlich nickt sie ganz häufig, wenn ich rede, und eben auch an Stellen, wo es gar nichts zum Zustimmen gibt. Das ist mir so noch nie aufgefallen. Ich hab also angefangen, sie nach ihrer Meinung zu fragen, wenn ich irgendwas erzählte. Jetzt weiß ich ja, dass sie nicht automatisch derselben Meinung ist wie ich, auch wenn sie nickt. Das hat dazu geführt, dass sich auch die Art, wie ich ihr zuhöre, wenn sie spricht, komplett verändert hat. Außerdem nicke ich öfter mal, auch wenn sich das unnatürlich für mich anfühlt. Aber ich kann direkt in Lisas Gesicht sehen, wie sie sich über diese »Aufmerksamkeit« freut. Ich hätte wirklich nie gedacht, dass Nicken einen so enormen Unterschied macht – danke dir!«

Also, probiert es aus! Ich bin sicher, es ergeht euch wie meinen Freunden!

Wut ist gut

Natürlich lässt sich ein Streit nicht immer vermeiden. Wie ich schon erwähnt habe, gehören Konflikte nun mal zu unserem Alltag dazu. Wenn man streitet, ist man wütend. Wut ist eine gute Emotion. Sie ist meiner Meinung nach sogar eine der besten, die wir haben. Denn sie treibt uns an, sie sorgt dafür, dass wir in Aktion treten, etwas ändern und verändern, für uns einstehen und da sind, andere retten und uns selbst retten. Sie hat aber auch ihre Schattenseiten, denn mit der Wut wickelt sich auch immer das Tuch fester um dich, und das kann dafür sorgen, dass du richtig fies und destruktiv wirst.

In diesem Kapitel stelle ich dir mein »Gesamtpaket« für den Umgang mit Konflikten vor und erkläre dir, wofür Fehler – und auch Wut – gut sind.

Die Verständnis-Einleitung

Wie bei allem wird auch diese Veränderung in deiner Verhaltensweise im Konfliktfall etwas Übung brauchen. Ich sage das hier noch mal ausdrücklich, weil wir über emotional aufgeladene Situationen sprechen. Denn so fest man sich im Vorfeld vornimmt, die neuen Verhaltensweisen beim nächsten Konflikt anzuwenden, platzt es dann oft doch in gewohnter Manier aus einem heraus.

Weil Wut so aktiv ist, muss irgendwas mit ihr passieren – und das bedeutet, dass sie aus deinem System muss. Du kannst sie nicht herunterschlucken und du kannst sie auch nicht ignorieren, sonst implodierst du womöglich. Deine Aufgabe ist es, deiner Emotion ihren Raum zu geben. Und zu entscheiden, auf welchem Weg sie dein System verlässt: als Streit (Öl) oder in Form von konstruktiver Kommunikation (Wasser). Entscheidest du dich für Zweiteres, wirst du deinen Freund in eurem Konflikt nicht verletzen, weil du wütend bist. Mit Sicherheit taucht vor deinem inneren Auge gerade die letzte Konfliktsituation auf, in der du etwas nur gesagt hast, weil du wütend warst. Und das war verletzend und bestimmt hast du dich dafür geschämt, nachdem die Wut wieder verraucht war. Genau das wird dir in Zukunft nicht mehr passieren, wenn du dir einen »magischen Satz« merkst.

Ich nenne diesen Satz **die Verständnis-Einleitung**. Mit ihm kannst du vermeiden, dein Gegenüber aus der Wut heraus zu verletzen:

Ich verstehe dich.

Das ist der Anfang, der Weg raus aus der Wut und rein in die konstruktive Kommunikation. Und der Anfang ist ja bekanntermaßen immer das Schwerste. Selbst wenn du es in dem Moment nicht fühlst und dem anderen in dem Moment lieber verbal an die Gurgel gehen willst und an jedem Finger einzeln sein Versagen aufzählen möchtest – lies dir den Abschnitt weiter oben noch mal durch. Mit Sicherheit würdest du ohne Wut nicht so denken.

Mit deinem vorformulierten Satz »Ich verstehe dich« kannst du einen für dich einfachen Weg aus der Wut und dem Tuch herausfinden. Zudem beginnst du ganz automatisch, dir Gedanken darüber zu machen, was in deinem Freund vorgegangen ist, dass es zu dieser Situation gekommen ist. Was war seine dominante Absicht in seiner Handlung? Denn meistens, wenn eine Person etwas tut, was dich verletzt oder wütend macht, geschieht das nicht aus der Absicht, um dich zu verletzen. Dein Gegenüber trägt auch viel weniger zu deiner Wut bei, als du vielleicht denkst. Wut ist eine Emotion, die in dir entsteht – aus unausgesprochenen Erwartungen, eigenen Triggern, eigenen Gedanken (wie beispielsweise der Erwartung aus dem Beispiel weiter oben, dass dein Freund die wahre Bedeutung hinter der Schokolade erkennt). Indem du dich fragst, warum er das getan oder nicht getan hat, wächst dein Verständnis für ihn wirklich.

Das Wichtigste ist, dass nach deinem Verständnissatz kein Aber folgt. Wenn du sagst: »Ich verstehe dich, aber …«, hast du jeglichen Effekt komplett zunichtegemacht. Wieso? Weil ein Aber das Vorangegangene negiert.

Ein Beispiel: *Heute ist schönes Wetter, aber die Wolken nerven mich.*

Ich frage dich: Ist nun schönes Wetter oder nicht?

Wie der Name schon sagt, ist der Verständnissatz nur die Einleitung, sprich, darauf folgen noch andere Dinge.

Das Gesamtpaket für konstruktive Streit-Kommunikation sieht so aus:

Verständnis-Einleitung – Ich-Botschaft – Aktion

Den Satz »Ich verstehe dich« kennst du nun.

Die **Ich-Botschaft** ist das Gegenteil der Du-Sprache. Wir erinnern uns: Du-Sprache ist der verbale ausgestreckte Zeigefinger, der die ganze Zeit dein Gegenüber anmahnt. Mit Ich-Botschaften dagegen lässt du deine Umwelt wissen, wie du dich mit etwas fühlst, was es mit dir macht. Und das ist das Einzige, was du mit Sicherheit sagen kannst. Denn eine Aussage wie »Du denkst nie an das, worum ich dich gebeten habe« ist eine Behauptung, die du aufstellst und die zwangsläufig dazu führt, dass dein Partner sich angegriffen fühlt – zu Unrecht beschuldigt – und sich dagegen verteidigen will. Wenn du stattdessen eine Ich-Botschaft formulierst, wie »Ich habe mich sehr auf die Schokolade gefreut und jetzt bin ich enttäuscht, dass ich sie nicht genießen kann«, dann sprichst du die Wahrheit. Dein Partner fühlt sich nicht in die Position versetzt, sich verteidigen oder rechtfertigen zu müssen. Zumal er das auch gar nicht könnte, denn niemand kann dir deine Emotionen absprechen.

Beendet wird die Verständnis-Einleitung mit einer **Aktion**. Denn auch hier ist es wieder wichtig, in die Handlung zu kommen. Wir wollen ja Veränderung – und dafür müssen wir etwas tun. Das bedeutet nicht, dass du jetzt *irgendwas* tun sollst (von dem du am Ende auch gar nicht weißt, ob es das Richtige ist, um die Situation zu lösen). Frag stattdessen deinen Partner, überlass ihm die Entscheidung, welche Aktion es nun braucht, um den Konflikt zu lösen und ihn in Zukunft zu vermeiden. Mit diesen drei Bausteinen bist du bestens ausgerüstet, Konflikte konstruktiv zu lösen.

ANSTATT ZU SAGEN: *Warum bist du so sauer?*

PROBIER ES MAL DAMIT: *Ich verstehe, dass du wütend bist. Sag mir, was dich stört, damit ich es in Zukunft besser verstehen kann.*

Mit der Verständnis-Einleitung können wir natürlich auch die Situation mit der Schokolade anders lösen. Wir erinnern uns zurück: Dein Freund packt die Einkäufe aus und du siehst, dass die Schokolade nicht dabei ist.

ANSTATT ZU SAGEN: *Wieso hast du das vergessen? Du weißt genau, dass ich die Schoki wollte! Ich hab es dir noch hinterhergerufen und du hast mich auch gehört. Wieso kannst du nicht einmal an mich denken? Immer vergisst du es, wenn ich dich mal um etwas bitte. Nie ist wichtig, was ich will, es geht immer nur um dich.*

PROBIER ES MAL DAMIT: *Schatz, ich kann verstehen, dass du die Schokolade vergessen hast. Das passiert. Ich jedoch wollte mich nach dem heutigen Tag damit belohnen und mich an die schöne Zeit mit meiner kleinen Schwester erinnern. Es verletzt mich, dass du es vergessen hast. Kann ich etwas tun, um dich in Zukunft besser daran zu erinnern?*

Siehst du, welchen Unterschied Transparenz macht? Dadurch, dass du ihm sagst, was genau in dir vorgeht, verpufft der Vorwurf von ganz allein. Mit nur einem Satz schaffst du es, dass ihr nicht gegeneinander arbeitet, sondern sofort wieder ein Team bildet. Eines, das gemeinsam daran arbeitet, diesen Konflikt lösen zu wollen. Ich garantiere dir, du merkst sofort, dass dein Freund nicht vorhatte, dich wissentlich zu verletzen oder dir den Abend zu ruinieren. Was glaubst du, wie schnell er wieder in seine Schuhe schlüpft und dir die Schokolade holt oder dir ein alternatives Angebot macht (beispielsweise falls der Supermarkt schon geschlossen hat)? In jedem Fall wird er sich dafür entschuldigen, dass er sie vergessen hat. So oder so wird kein Streit ausbrechen – und in Zukunft wird er immer an die Schokolade denken.

Übrigens: Es ist völlig in Ordnung und normal, dass du Wut und Enttäuschung auch dann noch empfindest, wenn du die Verständnis-Einleitung angewendet hast. Diese Übung ist nicht dazu da, deine Gefühle verpuffen zu lassen, sondern dazu, sie so zu kommunizieren, dass du nicht noch Öl ins Feuer gießt. Wenn du merkst, dass du trotz deiner Erklärung und seiner Entschuldigung noch wütend oder enttäuscht bist, musst du das nicht aussitzen oder ignorieren. Deine Gefühle haben ihre Berechtigung, und deshalb musst du ihnen auch ihren Raum geben. Du wendest einfach genau dieselben Werkzeuge an wie gerade eben. Du erklärst deinem Freund, dass du seine Entschuldigung annimmst und weißt, dass er das nicht mit Absicht getan hat. Dass du aber noch wütend bist und deshalb eine Runde spazieren gehst oder duschen oder was du eben so tust, um wieder zur Ruhe zu kommen. Diese Werkzeuge funktionieren nicht nur in der ersten Instanz, sondern sind universale Wundermittel.

Wortkotze ankündigen

Es gibt Menschen, die in einem Konfliktgespräch alles sofort loswerden wollen, sofort darüber sprechen. Man könnte sagen, dass der Prozess von *Mindsaid* recht ungefiltert und impulsiv abläuft, ich nenne das gerne »Wortkotze«. Denn genau das ist es auch, ein Schwall Wörter, der schleunigst aus dem Körper und dem Kopf muss, damit es einem wieder besser geht. Vielleicht gehörst du zu diesen Menschen oder dein Partner oder irgendjemand anderes in deinem Leben. Wortkotze passiert, man kann nicht immer verhindern, dass sie rauskommt, nicht einmal mit allen Werkzeugen und all dem Wissen, das ich dir in diesem Buch an die Hand gebe.

Wenn du merkst, dass die Wortkotze in dir hochkommt, ist es wichtig, dass du zuerst eine Art Triggerwarnung gibst. Du warnst deinen Partner vor, das kann in etwa so klingen: *»Alles, was ich jetzt sage, meine ich nicht so. Da kommt jetzt Wortkotze und die muss einfach raus, ein bisschen wie Gift und Galle spucken. Ich muss das loswerden, damit sich mein Tuch nicht mehr so eng um meinen Lieblingsgegenstand wickelt.«*

Im besten Fall hat dein Partner dieses Buch auch gelesen und weiß genau, was du mit »Tuch« meinst und warum es so wichtig ist, deine Wortkotze jetzt loszuwerden. Im Prinzip ist es dir dabei egal, ob dein Partner in diesem Moment im Zimmer ist oder nicht. Für deinen Partner aber macht das einen Riesenunterschied. Denn wenn du ihn deinem Wortschwall aussetzt, ohne dass er weiß, dass es dabei nicht um ihn geht, sondern nur darum, dass du diese Gedanken aus deinem System bekommst, fühlt er sich durch sie natürlich verletzt. Du musst ihm also die Chance geben zu entscheiden, ob er sich dem aussetzen will oder nicht und er lieber aus dem Raum geht. Und wenn er sich dafür entscheidet zu gehen, muss das in Ordnung für dich sein. So wenig es um ihn geht, wenn du deinen Wortschwall loswerden willst, so wenig geht es um dich, wenn er sich dem nicht aussetzen will. Bildlicher gesprochen: Es ist absolut respektlos, wenn du ungefragt deinen Dreck über ihn auskippst. Denn dann hast du die *Erwartung*, dass er das aushalten muss.

Fehler akzeptieren und an ihnen wachsen

Ein anderes Mittel, das in Konfliktsituationen viel zu häufig zum Einsatz kommt, sind Rechtfertigungen. Inzwischen bist du vielleicht schon ein Profi und erkennst sofort, was es damit auf sich hat. Exakt, auch bei Rechtfertigungen ist es natürlich unser Tuch, das uns antreibt. Wir wollen auf gar keinen Fall zugeben, dass wir einen Fehler gemacht haben. Fehler, so wurde es uns schließlich beigebracht, sind etwas Schlechtes, dann hat man etwas falsch gemacht und versagt. Man sollte sie vermeiden und wenn sie doch mal passieren, dann am besten verheimlichen. Oder sie eben rechtfertigen.

Exkurs: Meine Fehler-Affirmation

Angst, und eben auch die Angst vor Fehlern, war einst ein Werkzeug, das für unseren Schutz sorgte und durchaus berechtigt war. Wenn ein Urmensch einen Fehler machte, bedeutete das meistens den sicheren Tod und ein üppiges Abendessen für einen Säbelzahntiger. Doch leider haben wir uns so schnell weiterentwickelt, dass unser Gehirn in manchen Teilen einfach auf der Strecke geblieben ist – so beispielsweise in unserem Angstzentrum. Noch heute versuchen wir aus diesem Grund krampfhaft, Fehler zu vermeiden.

Die Erfahrung zeigt uns allerdings, dass ein fehlerfreies Leben schlichtweg nicht möglich ist. Übrigens: Wenn man wütend auf sich wird, weil man einen Fehler gemacht hat, verhindert man dadurch keine weiteren Fehler. Es lehrt einen nur, die eigenen Fehler zu verstecken. Wenn wir also so oder so mit Fehlern leben müssen, warum hören wir dann nicht auf, sie als etwas Schlechtes anzusehen? Wir verschwenden nur unnötig unsere Kraft, wenn wir versuchen, gegen sie anzukämpfen.

ANSTATT ZU SAGEN: *Wie kann man nur so blöd sein und das falsch machen?*

PROBIER ES MAL DAMIT: *Was kann ich daraus lernen?*

ANSTATT ZU SAGEN: *Ich habe Angst, einen Fehler zu machen.*

PROBIER ES MAL DAMIT: *Ich freue mich auf die Herausforderung.*

Ich habe irgendwann angefangen, meine Fehler lieben zu lernen. Und sobald ich verstanden hatte, welchen Gefallen ich mir damit tat, fiel es mir ganz leicht. Ich liebte sie – und tue das noch heute, weil ich aus ihnen lernen kann. Ich sehe die Fehler, die ich mache, als Geschenk an, denn sie fördern jedes Mal ein Potenzial in mir zutage, das ohne sie verborgen geblieben wäre. Ich versuche sogar, ganz aktiv Fehler zu machen. Denn je mehr Fehler, desto größer meine Lernkurve, desto schneller komme ich im Leben voran, desto weiter komme ich überhaupt. Durch jeden Fehler wachse ich, und durch ganz bewusste Fehler kann ich dieses Wachstum steuern.

Ich habe zwei Übungen für dich, die deinen Umgang mit deinen Fehlern verbessern. Ich kann dir viel über Potenzial erzählen, wenn du nicht daran glaubst. Deshalb schenke ich dir meine **Fehler-Affirmation.**

Was ist eine Affirmation? Durch sie kannst du bestimmte Themen mit positiven Eigenschaften und Gefühlen verknüpfen und so lernen, ein negativ behaftetes Thema ins Positive zu drehen.

Meine Affirmation für Fehler lautet:

Ich darf Fehler machen und ich lerne mit Leichtigkeit aus ihnen. Ich akzeptiere Fehler als Teil meines täglichen Wachstums. Sie bringen mich noch näher zu der erfüllten Version meiner selbst. Fehler sind mein Mittel zur Weisheit.

Damit aus einer Affirmation deine innerste Überzeugung wird, musst du dir diese immer wieder sagen. Wichtig ist, dass du dir ganz bewusst einen Moment Zeit dafür nimmst und dich dabei ansiehst. Ich sage meine Affirmationen immer morgens mein Zähneputzen auf. Hab außerdem ein wenig Geduld. Affirmationen sind kein Wundermittel, mit denen man umgehend Veränderungen erzeugt. Es ist ein schleichender Prozess, und der kann durchaus ein paar Wochen dauern.

Du hast nun gelernt, deine Fehler wertzuschätzen, und wenn du jetzt einen begehst, stellt sich dir direkt die Frage: Wie kann ich jetzt mit diesem Fehler arbeiten, um daraus etwas Produktives zu ziehen? Was kann ich daraus lernen? Das nenne ich das »Finetuning der Fehler«.

Wenn dir das nächste Mal ein Fehler passiert, schau dir das spezifische Szenario an: Was war der Kontext? Welche Personen, Umstände oder Stimmungen sind da zusammengekommen und wo in dem allen liegt die Ursache, dass es zu deinem Fehler gekommen ist? Wenn du das peinlich genau unter die Lupe nimmst, findest du den Grund für deinen Fehler und hast dir somit wieder selbst die Möglichkeit geschaffen, diesen Grund zu beheben, womit dir dieser Fehler auch nicht mehr unterlaufen wird.

Es gibt einen weiteren Effekt, den du bemerken wirst, wenn du Fehler in deinem Leben zulässt: Du wirst dich nicht mehr rechtfertigen, sondern dich für deine begangenen Fehler entschuldigen und es auch so meinen. Ein Konflikt, wenn du beispielsweise zu spät zu einer Verabredung mit deinem Freund gekommen bist, könnte von dir nun anders gelöst werden.

ANSTATT ZU SAGEN: *Ja, war jetzt halt so, ich hab halt die Zeit vergessen.*

PROBIER ES MAL DAMIT: *Ich verstehe dich und es tut mir leid. Was können wir tun, damit du dich in Zukunft nicht mehr so fühlst?*

Das Geniale hieran ist, dass dein Partner die Möglichkeit hat, dir direkt zu sagen, was genau ihn gestört hat. So kann es ja sein, dass ihn gar nicht dein Zuspätkommen an sich verärgert hat, sondern vielmehr die Tatsache, dass du nicht kurz eine Nachricht geschickt hast, um ihm zu sagen, dass du dich verspäten wirst. Was es auch war, er wird es dir sagen. Du musst dir keine eigenen Gedanken dazu machen, was du in so einer Situation zukünftig anders machen müsstest. Du musst nur zuhören und bekommst die Antwort auf dem Silbertablett serviert. Wichtig ist natürlich, dass du deinen Worten – dem Angebot, etwas zu ändern – dann auch Taten folgen lässt.

Es gibt allerdings eine Sache, die daran fast noch genialer ist. Dadurch, dass du deinen Freund konkret fragst: »Was kann ich tun, damit du dich zukünftig nicht mehr so fühlst?«, und er dir die Antwort liefert, was sein Bedürfnis ist, wirst du – halt dich fest – diesen *Fehler* (als solchen hast du ihn ja kürzlich noch betrachtet) nicht mehr machen. Denn zukünftig weißt du, dass du ihm eine schnelle Nachricht schreibst, wenn es bei dir etwas später wird.

Du hast dein ganzes bisheriges Leben dagegen angekämpft, Fehler zu machen, und hast alles versucht, um sie zu vermeiden. Und jetzt komme ich und zeige dir, dass sie von ganz alleine gehen, wenn du sie liebst und das Potenzial an ihnen erkennst. Klasse, oder?

LASS UNS ÜBER GEFÜHLE REDEN

Gefühle haben wir, das ist Fakt. Und die gehen auch nicht weg. Das ist ebenso Fakt und auch wichtig. Denn Emotionen, die hier mit Gefühlen gleichzusetzen sind, erfüllen eine wichtige Funktion: Sie weisen uns auf etwas hin. Sie sind wie ein Alarmsignal. Ekel beispielsweise ist eine Emotion, die uns davon abhält, das verschimmelte Brot zu essen.

Bevor wir uns an Gefühle und Meinungen in Beziehungen machen, hier einige grundlegende Worte, was Gefühle und Meinungen eigentlich sind, was sie bewirken können und wie wir damit umgehen können.

Basics zu Gefühlen

Eine Emotion ist immer Bestandteil eines 3-Stufen-Systems, bestehend aus **Gedanke**, **Emotion** und **körperlicher Reaktion**. Ein Gedanke löst eine Emotion aus, die wiederum eine körperliche Reaktion auslöst. Diese Reihenfolge ist allerdings nicht zwingend, sie kann auch variieren. Wird ein Gefühl durch einen Gedanken ausgelöst, ist dieser oftmals so schnell, dass du ihn gar nicht bewusst wahrnimmst, sondern lediglich die Emotion spürst, die dadurch hervorgerufen wurde. Andersherum kannst du in dir auch ganz bewusst das Gefühl der Wut durch körperliche Veränderungen auslösen. Dafür musst du Atmung, Mimik und Gestik anpassen, also deine Atmung intensivieren, deine Lippen aufeinanderpressen, die Augenbrauen zusammenkneifen und die Hände zu Fäusten ballen – nach einigen Minuten spürst du die Wut in dir aufsteigen. Das funktioniert natürlich auch in die andere Richtung: Wenn du schlecht gelaunt bist und dich lächelnd und lachend vor den Spiegel stellst, kannst du dich gar nicht gegen das gute Gefühl wehren, das nach einigen Minuten aufkommt.

Gedanke —> So schnell, dass er oft gar nicht bewusst wahrgenommen wird, sondern nur die Emotion
—> oft ausgelöst durch äußere Reize

|

Emotion —> weder gut noch schlecht
—> Alarmsignal des Körpers

|

Körperliche Reaktion —> Kopfschmerzen
—> Nackenverspannungen

Ich war vor Kurzem am Meer und ging Schnorcheln. Ich schwamm durchs offene Wasser, unter mir ging es Dutzende Meter in die Tiefe. Ich trug Flossen, eine Tauchermaske über der Nase und mein Handy in der Hand. Dieser Zustand war mir so bewusst. Alles war gut. Doch von einem Augenblick zum anderen schoss mir der Gedanke durch den Kopf, dass ich ertrinken könnte. Und ich bekam beim Schnorcheln große Angst. Ich habe an sich keine Angst vor dem Meer. Doch der kurze Gedanke ließ das Gefühl von Panik in mir aufsteigen, was mir alles passieren könnte. Auch wenn es mir in dem Moment selbst nicht gut ging mit der Angst, war ich im Nachhinein wieder einmal fasziniert davon, wie machtvoll unsere Gedanken sind.

Dummerweise haben wir irgendwann damit angefangen, unsere Gefühle zu bewerten und in gute Gefühle und schlechte Gefühle zu unterteilen. Damit sollten wir aber unbedingt direkt wieder aufhören, denn Gefühle haben kein Label, sie sind weder gut noch schlecht noch irgendwas dazwischen. Sie sind einfach das Alarmsystem deines Gehirns, das dich auf etwas aufmerksam macht.

Wenn du dich beispielsweise traurig fühlst ohne einen für dich erkennbaren Grund, kannst du diesem Gefühl nachgehen und dich fragen: »An was habe ich gerade gedacht?« Vielleicht fällt dir auf, dass du für den Bruchteil einer Sekunde an deine beste Freundin aus der Schulzeit gedacht hast und daran, dass ihr jetzt nicht mehr befreundet seid. Damit hast du den initialen Gedanken identifiziert und kannst dein Gefühl einordnen. Du kannst darauf eingehen und es auflösen, anstatt den ganzen Tag traurig zu sein, ohne wirklich zu wissen, wieso überhaupt. Denn wenn wir eine Emotion haben, die wir nicht zuordnen können, übertragen wir dieses diffuse Gefühl auf andere oder anderes. Ganz oft lassen wir die Emotion dann an anderen Personen, Dingen oder Situationen aus und beschuldigen sie insgeheim, für dieses Gefühl verantwortlich zu sein. Obwohl sie gar nichts damit zu tun haben.

Wenn du ein Gefühl wieder loswerden willst, kannst du es lösen, indem du dich ihm völlig hingibst. Wenn ein Gefühl aufkommt, nimm es voll wahr, denn es ist absolut in Ordnung, traurig oder enttäuscht oder wütend zu sein. In diesem Gefühl zu baden, wird nicht wehtun oder das Gefühl verstärken. Es wird nur helfen. Denn auch hier ist die Wahrnehmung das Wundermittel der Wahl. Dadurch, dass du dein Gefühl annimmst, wahrnimmst und auch für voll nimmst, hat das Alarmsignal deines Gehirns seine Aufgabe erledigt und schaltet sich ab – und mit ihm die Emotion. Ein Gefühl zwei Minuten lang intensiv zu fühlen, ist besser, als es jahrelang mitzuschleppen wie einen blinden Passagier.

Im Prinzip bleibt dir im Umgang mit deinen Gefühlen auch nichts anderes übrig, als sie wahrzunehmen. Denn wie ein Alarm werden auch sie immer lauter, je länger man sie ignoriert. Wenn du versuchst, sie zu verdrängen, dann boxen sie sich mit immer stärkerer Vehemenz zurück an die Oberfläche. So lange, bis sie sich sogar körperlich bemerkbar machen, durch Magenschmerzen, Migräne oder Schlafstörungen.

Deine Meinung muss nicht immer gehört werden

Du hast keinen objektiven Blick auf die Welt. Kein Mensch ist in der Lage, eine Situation wirklich wertneutral zu erfassen. Denn alles in deinem Leben wird gefiltert durch deine Erfahrungen, dein Wissen, deine Vorlieben und Abneigungen. Eben durch all die Dinge, die dein Tuch ausmachen. Wenn man verliebt ist, spricht man gerne von der rosaroten Brille, durch die man die Welt nur noch in Glitzer und Zuckerwatte sieht. So eine Art von Brille trägst du im Prinzip jederzeit. Und wie sie die Welt für dich einfärbt, hängt davon ab, durch welches Wissen und welche Erfahrungen du sie bewertest. Das ist genau der Punkt, wenn deine Meinung ins Spiel kommt.

Deine Meinung ist deine persönliche Beurteilung der Situation. Gerade in der Kommunikation ist es wichtig, das zu erkennen, und Meinungen nicht für unumstößliche Wahrheiten zu halten. Denn Meinungen werden geprägt durch eine Vielzahl von Faktoren wie persönliche Erfahrungen, Werte, Überzeugungen und Wissen. Daher ist jede Meinung nur eine Interpretation der Realität, nicht die Realität selbst. Jeder Mensch betrachtet die Welt also durch seine eigene Brille, sprich, jeder Mensch hat eigene Meinungen. Sie werden also immer da sein. Das Maximum ist, sich seiner Meinung bewusst zu sein. Dann kann man damit arbeiten.

Es gibt Menschen, die glauben, ihre Meinung sei die absolute Wahrheit und damit die einzig richtige.

Und es gibt Menschen, die sind sich teilweise gar nicht bewusst, wie ihre Meinung entstanden ist und inwieweit sie Einfluss darauf nehmen können.

Vielleicht hast du bis gerade eben zu einer dieser Gruppen gehört. Vielleicht ist dir aber auch schon bewusst, dass deine Meinung nicht immer mit dem übereinstimmt, was du *eigentlich* fühlst, dass sie eher auf Glaubenssätzen oder pauschalen Aussagen beruht. Aber bisher hat dir die Anleitung gefehlt, wie du diesen Zustand ändern kannst. Bis jetzt.

Ein Beispiel:

Auf der Straße begegnet dir die schönste Frau, die du jemals gesehen hast. Sie ist wirklich perfekt, schöner als jedes Model der Welt. Dein erster Gedanke: »Die ist bestimmt arrogant.«

Diese Meinung ist antrainiert. Im Laufe deines Lebens hast du gelernt, dass Frauen in Konkurrenz zueinander zu leben haben und vielleicht auch, dass schöne Menschen immer das bessere Leben haben, beruflich und privat bevorzugt werden. Das ruft natürlich Neid in dir hervor und du versuchst, etwas Negatives zu finden, zum Beispiel, dass sie einen schlechten Charakter haben oder dumm sind.

Oder aber so:

Auf der Straße begegnet dir die schönste Frau, die du jemals gesehen hast. Sie ist wirklich perfekt, schöner als jedes Model der Welt. Dein erster Gedanke: »Wow, die sieht ja klasse aus. So würde ich auch gern aussehen.«

Hier ist deine Emotion eher Überraschung oder Freude – denn wer erfreut sich nicht an etwas Schönem?

Das Gefühl, das die Frau in dir auslöst, hängt eben davon ab, wie du und dein Tuch die Situation bewerten.

Schauen wir uns den Gedanken an, der danach kommt. Wenn dieser in der ersten Situation lautet: *»So ein Quatsch, natürlich ist sie nicht zwangsläufig dumm. Ich bin gerade total neidisch, sie ist eine wirklich tolle Frau. Sie gibt sich sicher sehr viel Mühe mit ihrem Äußeren«*, und du lächelst die Frau an, dann bist du dabei, dein Tuch zu lockern.

Wenn dein zweiter Gedanke deine erste spontane Meinung aber noch befeuert, dann lässt du in diesem Moment zu, dass dein Tuch sich noch enger um deinen Lieblingsgegenstand wickelt. Wenn du also denkst: *»Die ist sicher nicht nur dumm, sondern auch total eingebildet und überheblich. So eine, die im Restaurant ständig meckert und die armen Kellner scheucht«*, dann kontrollierst nicht du deine Gedanken, sondern deine Erfahrungen und dein antrainiertes Verhalten tun es.

Doch hier kannst du ansetzen: Du änderst deine Meinung ganz leicht mit der Hilfe eines dritten Gedankens. Und dieser dritte Gedanke lautet: *»Ich nehme wahr, dass ich gerade durch mein Tuch motiviert bewertet habe. Das entspricht aber nicht meinem wahren Ich.»*

Durch das Wahrnehmen nimmst du deinem Tuch die Kraft und es legt sich nicht mehr so fest um deinen Lieblingsgegenstand Von diesem Effekt habe ich dir schon im Kapitel »Dein Mindset« erzählt. Man kann es aber nicht häufig genug sagen.

Wenn Meinungen unbedingt rauswollen

Meinung ist nichts, was nur in deinem Kopf passiert. Ganz oft will sie auch raus, und das am häufigsten in Konfliktsituationen. Denn genau hier treffen ja oft unterschiedliche Meinungen aufeinander. Und dann kochen auch die Gefühle hoch. Doch manchmal hat deine Meinung außerhalb deines Kopfs einfach nichts verloren, da sie weder objektiven Wahrheitsgehalt noch irgendeinen Mehrwert hat.

In einem solchen Fall hast du zwei Möglichkeiten, wie du mit dem Bedürfnis, deine Meinung zu äußern, umgehen kannst.

> **Frage, anstatt zu behaupten**
> Stell dir vor, du hast eine Meinungsverschiedenheit mit deinem Freund, und natürlich bist du davon überzeugt, dass du recht hast und er unrecht. Du kannst jetzt äußern, dass du der Meinung bist, dass er falschliegt und dass alles, was er sagt, nicht stimmt. Wie weit du mit solchen Aussagen und Vorwürfen kommst, konntest du einige Seiten weiter vorne lesen.
> Hier greift im Prinzip wieder derselbe Mechanismus wie im »Wut ist gut«-Kapitel: Du stellst keine Behauptungen auf, sondern bringst deinen Freund durch Fragen dazu, seine eigene Meinung und Position zu überdenken. Zudem äußerst du durch eine Ich-Botschaft deine eigene Haltung dazu.

ANSTATT ZU SAGEN: *Du redest völligen Quatsch, das stimmt alles gar nicht, was du da behauptest.*

PROBIER ES MAL DAMIT: *Ich habe das anders in Erinnerung. Erkläre mir bitte deine Sicht der Dinge.*

> **Brems dich selbst aus**
> Es gibt Momente, in denen willst du einfach nur deine Meinung loswerden. Obwohl du weißt, dass es den Konflikt weder löst noch verbessert, sondern im Gegenteil noch anfeuert. In diesen Momenten kann es schwer sein, sich selbst zu bremsen. Ich kenne das gut. Deshalb habe ich einen ganz klaren Leitfaden, der mir sehr geholfen hat, mich zu bremsen, wenn ich mit dem Kopf durch die Wand wollte.

Wenn du merkst, dass du unbedingt deine Meinung loswerden willst, egal, wie destruktiv sie auch sein mag, gibt es drei Fragen, die du dir stellen musst.

Ist es wahr, was ich sagen will?

Ist es richtig, dass ich das jetzt sage?

Ist es nötig, dass ich das jetzt sage?

Lautet bei mindestens einer dieser Fragen deine Antwort »Nein«, dann behältst du das, was du sagen willst, für dich. Denn damit hast du den Beweis, dass das nur durch dein Tuch motiviert ist.

Es kann natürlich passieren, dass du selbst mit dieser Erkenntnis noch denkst: *Ist mir egal, ich will das jetzt einfach loswerden!* Ich sage dir: Lass es. Lass es einfach. Es ist wirklich noch nie etwas Gutes dabei herausgekommen. Und ja, in diesem Fall ist die Pauschalisierung mehr als angemessen.

Da allerdings nichts schwieriger ist, als nichts zu tun, wenn man ja eigentlich destruktiv streiten will, mach stattdessen einfach etwas anderes. Geh spazieren. Mach Sport. Lenk dich irgendwie ab. Lass Zeit vergehen, eine Stunde oder zwei oder mehr. Ich verspreche dir, du wirst an den Punkt kommen, an dem dein Bedürfnis, deine Meinung rauszufeuern, nicht mehr vorhanden ist. In einem Streit auf die eigene Meinung zu bestehen, ist ein ähnlich akutes Konstrukt wie Wut. Auch die verraucht nach einer Weile. Deshalb: Tu dir selbst den Gefallen und warte, bevor du wissentlich die Kontrolle an dein Tuch abgibst. Das hast du nicht nötig, du bist schon so viel weiter.

Wenn du dann von deinem Spaziergang zurück bist und nun über deine Ideen, Wünsche oder Hoffnungen sprechen möchtest, starte das Gespräch gerne mit:

Ich habe eine Idee dazu. Was hältst du davon?

Ich sehe die Sache anders und möchte deine Meinung dazu hören.

Ich bin mir nicht sicher, ob ich dich richtig verstanden habe, als du … gesagt hast. Bei mir kam das auf diese Art und Weise an … Ist es das, was du sagen wolltest?

DIE FÜNF SPRACHEN DER LIEBE

Über das Thema Liebessprachen bist du mit Sicherheit schon mal irgendwo gestolpert. Die Phrase der fünf Sprachen der Liebe prägte ein gewisser Gary Chapman, der in der Paarberatung arbeitet und ein Buch mit genau diesem Titel veröffentlichte. Sein Buch erschien bereits 1992, und lange Zeit fand sein Konzept der Liebessprachen hauptsächlich in der Paartherapie Anwendung. In den vergangenen Jahren sind sie dann auch außerhalb des fachlichen Gebrauchs äußerst populär geworden und vermutlich um einiges bekannter als die verschiedenen Bindungstypen, mit denen wir uns zuvor schon beschäftigt haben.

Doch was genau ist eine Liebessprache eigentlich? Wie findest du heraus, welche deine ist? Und braucht es das überhaupt?

Die letzte Frage kann ich dir gleich beantworten: ja! Denn mit den Liebessprachen bist du in der Lage, dir selbst auf recht einfache Weise Liebe zu schenken (und das ist gerade an Tagen wichtig, an denen es einem selbst nicht leichtfällt, sich zu lieben). Zudem kannst du so auch deinem Partner deine Liebe vermitteln – fast ohne Stolpersteine.

Liebessprachen eröffnen dir eine neue Ebene, eine weitere Dimension, um mit dir oder deinem Partner in Kontakt zu treten und ganz unmissverständlich genau eine Information zu vermitteln: Ich liebe dich. Unsere Liebessprache ist die Art, wie wir unsere Zuneigung zeigen. Das muss nicht unbedingt in verbaler Form stattfinden – wobei wir schon bei der ersten Liebessprache wären, den Worten. Daneben gibt es noch die Sprache der Berührungen, der Geschenke, der Hilfsbereitschaft und der gemeinsamen Zeit.

> **Words:**
> Vielleicht sind *Worte der Anerkennung* deine Liebessprache. Es fällt dir leicht, deine Gefühle und Zuneigung, aber auch Lob und Dank verbal zu formulieren. Ein »Ich liebe dich« oder »Danke, dass es dich gibt« kommt dir ganz leicht über die Lippen.

> **Touch:**
> Wenn *Berührungen* deine Liebessprache sind, hast du das Bedürfnis, deinen Partner viel zu berühren, du suchst im Alltag seine körperliche Nähe. Das muss nicht immer ein Kuss oder direkt Sex sein, es sind auch kleine Momente wie Händchenhalten oder eine Umarmung.

> **Gifts:**
> Bei der Liebessprache durch *Geschenke* bereitet es dir große Freude, deinen Partner mit kleinen Aufmerksamkeiten zu überraschen. Dabei hältst du dich nicht an konventionelle Gegebenheiten wie Geburtstage oder andere Feiertage, sondern schenkst nach Lust und Laune. Zudem sind deine Geschenke immer gut überlegt und treffen meist ins Schwarze.

- **Acts of Service:**
  Wenn für dich Taten mehr zählen als Worte, ist *Hilfsbereitschaft* deine Liebessprache. Du unterstützt deinen Partner, auch in Kleinigkeiten, nimmst ihm Dinge ab – und das, ohne dass er dich darum erst bitten muss.

- **Quality Time:**
  Allein bei dem Gedanken an *gemeinsame Zeit* geht dir das Herz auf. Momente der Zweisamkeit und sich bewusst Zeit zu nehmen füreinander, das ist dir besonders wichtig. Womöglich habt ihr schon gemeinsame Hobbys, feste Dates oder Rituale etabliert.

Im ersten Moment klingt das nach ganz alltäglichen Dingen. Das sind sie ja meist auch, deshalb fallen sie auch gar nicht so auf. Und doch ist die Kenntnis über die Liebessprachen wichtig, denn es ist ein Unterschied, welche du selbst gerne hören möchtest und welche du sprichst. Ich beispielsweise brauche für mich als Liebessprache Berührungen, anderen zeige ich meine Liebe durch Geschenke. Das macht mich schon bilingual. Jetzt bin ich in meiner Partnerschaft ja aber nicht alleine. Sprich, da ist mein Freund, der ebenfalls zwei Liebessprachen in sich vereint: diejenige, die er gerne empfängt, und diejenige, die er gerne gibt.

Wenn dein Partner und du dieselben Liebessprachen sprecht, sage ich erst mal herzlichen Glückwunsch. Dann versteht ihr euch wirklich blind. Viel häufiger ist jedoch der Fall, dass ihr unterschiedliche Liebessprachen habt. Dass du beispielsweise deine Liebe durch Worte ausdrückst, dein Freund aber Berührungen braucht. Zeitgleich überrascht er dich häufig mit kleinen Geschenken, doch eigentlich brauchst du Quality Time. Das bedeutet, dass ihr euch beide bemüht und den anderen förmlich mit Liebe überschüttet – die Botschaft aber nicht ankommt und ihr beide das Gefühl habt, dass in eurer Beziehung irgendwas fehlt, obwohl ja eigentlich alles im Übermaß da ist. Ihr müsst es nur erkennen.

So kompliziert, wie es gerade klingt, ist es gar nicht, zumindest nicht, wenn wir das jetzt gemeinsam durchgehen.

Lern deine Bedürfnisse kennen

Bevor du etwas für andere tun kannst, muss es erst mal dir gut gehen. Und dafür sorgen wir jetzt. Vielleicht hast du dich bei den Beschreibungen zu den einzelnen Arten der Love Language schon angesprochen gefühlt. Falls nicht, finden wir sie jetzt. Zuerst kümmern wir uns um deine empfangende Liebessprache, also die, die du gerne von deinem Partner hören möchtest. Lies dir die folgenden fünf Sätze durch:

- **Words:**
  Ich sehe, wie viel Mühe du dir bei deinem Vorhaben gibst, und bin begeistert von deiner Stärke.

- **Touch:**
  Her mit deinen Füßen, du bekommst jetzt eine Fußmassage.

- **Gifts:**
  Ich habe die neue Vinyl von deinem Lieblingssänger in der Stadt gesehen und sie dir gleich gekauft.

- **Acts of Service:**
  Lass mich die Tasche tragen, damit du die Hände frei hast.

- **Quality Time:**
  Ich hole dich in deiner Mittagspause ab, dann können wir zusammen etwas essen.

Bei welcher Aussage hast du am stärksten reagiert? Diese kannst du als deine empfangende Liebessprache verbuchen. Falls du dir unsicher bist, kannst du es auch einfach ausprobieren. Welche der folgenden Self-Care-Aktionen spricht dich am meisten an?

- **Words:**
  Du startest ein Dankbarkeitsjournal, schreibst dir Affirmationen und hängst sie überall auf, versuchst eine Self-Love-Meditation.

- **Touch:**
  Du kaufst dir kuschelige Socken, cremst dich täglich ein, legst dir eine achtsame Skin-Care-Routine zu.

- **Gifts:**
  Du kaufst dir einen schönen Blumenstrauß, startest ein DIY-Projekt, investierst in deine Hobbys.

- **Acts of Service:**
  Du streichst etwas von deiner To-do-Liste, tust etwas, wofür dein Zukunfts-Ich dir danken wird, kochst dir ein gesundes Dinner.

- **Quality Time:**
  Du planst ein Date mit dir selbst, genießt bewusst eine heiße Schokolade in deinem Lieblingscafé, nimmst dir Zeit für Journaling.

Deine eigene empfangende Liebessprache zu kennen und auch zu pflegen ist äußerst wichtig. Denn nur so fühlst du dich von dir geliebt. Und das macht dich nicht nur zufriedener, sondern stärkt auch dein Selbstbewusstsein und Selbstvertrauen.

Jetzt müssen wir nur noch deine zweite Liebessprache identifizieren, nämlich die, mit der du andere glücklich machst. Die finden wir anhand eines Avocadotoasts.

Kann ich dir einen Avocadotoast machen?

Möchtest du einen Avocadotoast mit mir essen?

Ich liebe den Avocadotoast, den du mir gemacht hast.

Die Umarmung? Die ist der Dank für den Avocadotoast.

Ich habe dir einen Avocadotoast gekauft.

In welcher der fünf Aussagen erkennst du dich am ehesten wieder? Welche könnte von dir stammen? Der Reihe nach sind das *Acts of Service, Quality Time, Words, Touch* und *Gift*.

Wie bei allem im Leben gibt es natürlich auch bei Liebessprachen Mischformen. Es ist sehr gut möglich, dass du nicht immer nur auf eine Aussage stark und auf die anderen gar nicht reagiert hast. Du kennst nun deine Liebessprachen, es wird also Zeit, dich um deinen Partner zu kümmern. Am einfachsten ist es, wenn du ihm ebenfalls die Fragen aus diesem Buch gibst und er in Ruhe für sich herausfinden kann, welche Liebessprachen für ihn wichtig sind.

Es kann durchaus sein, dass dein Partner eine empfangende Liebessprache hat, zu der du keinen Zugang hast. Das wird sich am Anfang für dich anfühlen, als würdest du eine komplett neue Sprache lernen. Dennoch ist es wichtig, dass du dich daran orientierst, was dein Partner braucht und sich wünscht. Denn das, was du gerne gibst, gibt ihm unter Umständen gar nichts. Die gebende Liebessprache meines Freundes ist *Acts of Service*, meine empfangende allerdings *Touch*. Er hält mir immer die Tür auf, bringt mir Kaffee an den Schreibtisch, hilft mir in den Mantel – doch wenn er mich nicht oft genug berührt, habe ich das Gefühl, er liebt mich nicht mehr. Wir wissen um unsere Liebessprachen und bemühen uns darum, nicht nur unsere eigene zu geben, sondern auch die empfangende des anderen häufig genug anzuwenden. Damit wir beide das Gefühl haben, genauso viel Liebe zu geben, wie wir bekommen.

Um dir den Einstieg in eine neue Liebessprache zu erleichtern, habe ich dir eine Liste zusammengestellt mit Dingen, die du für deinen Partner tun kannst – in der jeweiligen Liebessprache, die er gerne empfängt.

- **Words:**
  - Sag: »Ich liebe es, wenn du meine Hand hältst.«
  - Sag: »Danke, dass du mich bei meinen Träumen unterstützt.«
  - Sag: »Wenn ich deinen Namen auf meinem Handydisplay sehe, muss ich lächeln.«

- **Gifts:**
  - Kauf ihm ein neues Outfit.
  - Erstell ihm eine Playlist.
  - Versteck eine kleine Überraschung in seiner Tasche.

- **Touch:**
  - Initiiere Kuschel-Wrestling auf dem Sofa.
  - Gib ihm einen Begrüßungskuss, wenn er nach Hause kommt.
  - Umarme ihn von hinten, wenn er vor dir steht.

- **Acts of Service:**
  - Mach ihm eine Tasse Kaffee am Morgen.
  - Biete an, ihm etwas mitzubringen, wenn du einkaufen gehst.
  - Tu etwas für ihn, ohne danach gefragt zu werden.

- **Quality Time:**
  - Plane eine regelmäßige Date-Night für euch.
  - Macht einen gemeinsamen Fensterbummel im Einkaufszentrum.
  - Lest ein Buch zusammen oder schaut eine Serie.

Die sechste Sprache der Liebe

Ja, du hast ganz richtig gelesen: Ich habe eine sechste Sprache entdeckt. Falls dich bisher noch keine der fünf Liebessprachen so richtig angesprochen hat, ist vielleicht jetzt dein Moment.

Wie ich zu Beginn des Buches schon erzählt habe, kommt mein Wissen nicht aus der Theorie. Ich habe viel erlebt, noch mehr beobachtet, daraus Schlüsse gezogen und diese in der Fachliteratur bestätigt bekommen.

An so einem Punkt bin ich nun wieder – nur dass ich davon in noch keinem Buch gelesen habe. Ich glaube nicht, dass ich die Erste oder Einzige bin, der die sechste Liebessprache aufgefallen ist. Vielleicht bin ich aber die Erste, die sie aufschreibt, und vielleicht ist das hier eine absolute Premiere!

Ich habe diese sechste Liebessprache nicht nur beobachtet, ich habe sie selbst erlebt. Und zwar in einer Partnerschaft mit einem früheren Partner. Mir ist irgendwann im Laufe unserer Beziehung aufgefallen, dass er in keine der fünf Kategorien so wirklich passte. Stattdessen hat er sich Mühe gegeben, mir zu zeigen, dass er mich kennt: Er kochte mein Lieblingsessen, er schlug mein Lieblingsrestaurant vor, kaufte Karten für Konzerte meiner Lieblingssängerin. Er merkte sich alles, was ich ihm jemals erzählte. Wirklich, alles! Er erinnerte sich an jedes Detail und konnte im Prinzip jede Frage über mich beantworten – wenn ich ihm irgendwann einmal dazu etwas erzählt hatte. Ich gewöhnte mich nicht nur daran, sondern es fiel mir auf, und vor allem gefiel es mir.

Ich nenne diese sechste Liebessprache »Knowing«. Sie bedeutet, dass du dir Mühe gibst, alles von deinem Partner zu wissen, dir alles zu merken, um ihn *wirklich* zu kennen. Und dass du ihm das auch zeigst, es ihn quasi wissen lässt.

Die Auslegungen können ganz unterschiedlich ausfallen, doch im Kern steht immer das Wissen über die Partnerin. Solltest du dich manchmal dabei ertappen, dass du denkst, dass dein Partner das eigentlich schon von dir wissen müsste, weil du es ihm doch schon einmal erzählt hast, dann kann das ein Indiz dafür sein, dass Knowing deine empfangende Liebessprache ist. Oder dass du schlichtweg zu viele unausgesprochene Erwartungen hast. In dem Fall kannst du das Kapitel auch ein zweites Mal durcharbeiten.

Und so funktioniert Knowing als Liebessprache:

- **Knowing als empfangende Liebessprache:**
  Du hast einmal bei einem Gespräch erwähnt, dass Lilien deine Lieblingsblumen sind. Nun hat er immer einen Strauß Lilien bei sich zu Hause, weil er dabei an dich denkt.

- **Knowing als gebende Liebessprache:**
  Du hast eine Liste auf deinem Handy, auf der all die Besonderheiten stehen, die dir an ihm auffallen, und von all den Dingen, die er mal erwähnt hat. Dieses Sammelsurium an Wissen gibt dir ein gutes Gefühl.

Wie du diese Liebessprache dir selbst und deinem Partner geben kannst, zeige ich dir an zwei Beispielen – als »Feierabend-Edition«:

Bereite dir schon am Morgen dein liebstes Kuscheloutfit vor, in das du schlüpfen kannst, wenn du von der Arbeit nach Hause kommst. Leg es ordentlich auf dein Bett oder häng es im Winter über die Heizung. Du weißt, dass dein Zukunfts-Ich sich freuen wird, wenn es das sieht.

Achte darauf, was dein Partner gerne macht, wenn er von der Arbeit kommt. Wenn er sich beispielsweise beim Musizieren entspannt, kannst du ihm sein Instrument bereitlegen. So freut er sich, wenn er am Abend nach Hause kommt.

MANIPULATION UND FEHLVERHALTEN – ALLES EINE FRAGE DER PERSPEKTIVE

»Der Jäger wird immer Held der Geschichte sein, solange der Löwe nicht anfängt zu schreiben.« Dieses alte Sprichwort erinnert mich immer wieder daran, dass jede Geschichte zwei Seiten hat. Wie Trigger eine Hürde, aber eben auch eine Chance sein können, so auch die Manipulation. Manipulation bedeutet, auf eine ganz bestimmte Art zu handeln, um zu bekommen, was man will.

Ich sag mal so: Wenn du deinem Freund schon mal vorgeschlagen hast, dass ihr im nächsten Urlaub lieber ans Meer fahren solltet als in die Berge, obwohl er leidenschaftlich gerne wandert, und du dabei gezielt deinen Augenaufschlag eingesetzt und vielleicht sogar eine leichte Schnute gezogen hast, dann war das absolut manipulierendes Verhalten von dir.

Wir manipulieren immer und ständig. Wir können gar nicht anders, schließlich wollen wir ja erreichen, was am besten für uns ist. Das heißt aber nicht, dass wir dem anderen damit schaden wollen. So ist schon eine Aussage darüber, dass du einen Kinofilm gesehen und er dir supergut gefallen hat, eine manipulative Aussage. Du willst damit dein Gegenüber nur dazu bringen, sich den Film ebenfalls anzuschauen, und das ist ja nichts Schlimmes.

Dass Manipulation immer negativ sein muss, ist wieder nur ein Label, das wir uns ausgedacht haben, das es objektiv aber nicht gibt. Dein Vorschlag, ans Meer zu fahren, kam ja nicht aus der Motivation heraus, deinem Freund absichtlich so richtig den Urlaub zu vermiesen, weil du weißt, dass er lieber durch die Berge wandert. Nein, er kam aus deinem Bedürfnis und deinem Wunsch heraus, ans Meer zu fahren, weil das der Ort ist, an dem du so richtig Energie tanken kannst. Je nachdem, wen man jetzt also fragt, dich oder deinen Freund, ist immer jemand anderes der Bösewicht in der Geschichte.

Das gilt nicht nur, wenn du deinen Freund manipulierst, sondern natürlich auch, wenn er sich in deinen Augen schlecht verhält. Angenommen, dein Freund lügt dich ständig an, es ist fast schon pathologisch. Das fühlt sich nicht gut an, natürlich nicht, und dass du darauf mit Wut oder Trauer reagierst, ist auch nur menschlich. Aber du kannst dir sicher sein, dass es einen Grund gibt, warum er das tut. Und der ist meist tiefgehender, als es auf den ersten Blick scheint. Die Frage, die sich dir also stellen sollte, ist: Was ist dieser Grund? Aus welcher Motivation und mit welcher dominanten Absicht hat er gehandelt? Es könnte beispielsweise sein, dass seine dominante Absicht die Angst war, dich zu verlieren, einen Fehler zu machen oder zu versagen. Kannst du dann noch wütend auf ihn sein?

Der Perspektivenwechsel rechtfertigt weder seine Lügen noch verharmlost er sein Verhalten. Du machst dir lediglich bewusst, warum er ständig lügt. Und das erleichtert dir dein weiteres Vorgehen. Denn anstatt dich damit zu beschäftigen, welches Label ein Verhalten oder eine Manipulation trägt, solltest du deine Zeit und Energie lieber darauf verwenden, zu entscheiden, ob du ein solches Verhalten in deinem Leben haben willst oder nicht. Diese Veränderung hast du in der Hand, alles andere leider nicht. Es wird dir nichts bringen, deinen lügenden Freund zu beschuldigen oder auch einzufordern, dass er sich ändert. Zumal du das auch gar nicht schaffst, wenn er nicht den expliziten Wunsch dazu hat, nicht mehr aus Angst zu agieren, sondern aus Liebe. Selbst dann ist das seine Arbeit. Für dich ist wichtig, deinen Fokus auf dich zu lenken und darauf, worüber du wirklich Macht hast. Und das bist du und die Entscheidung, ob du unter etwas leiden willst oder welche Menschen in deinem Leben verweilen dürfen.

So wie dein Partner dich verletzt, gibt es auch Situationen, in denen du ihn verletzt. Denn auch deine dominante Absicht kann Angst sein, und dann resultiert daraus ein Verhalten, das sich von dem des lügenden Freundes nicht allzu stark unterscheidet. Wenn ihr beide, du und dein Partner, dieses Buch schon gelesen habt, wisst ihr, wir ihr den Konflikt lösen könnt: indem dein Freund über seine Gefühle und seine Verletzung spricht (Ich-Botschaft!), ein Schmerz, für den du der Auslöser warst. Und indem du diese Verantwortung annimmst, dich entschuldigst und ihm vergewisserst, dass du dafür sorgen wirst, dass er sich nie wieder wegen dir so fühlen muss. Und dann, und das ist die Essenz der ganzen Sache, sorgst du dafür, dass er sich nie wieder so fühlen muss.

Gaslighting ist die Ausnahme von der Regel

Es gibt krankhafte Verhaltensmuster, die aus der Norm fallen. Wenn ich sage, dass Manipulation nicht als gut oder schlecht gelabelt werden darf, dann meine ich damit nicht Extremformen wie Gaslighting. Ich will dir hier ein bisschen über Gaslighting erzählen, weil es wahnsinnig schwer zu erkennen ist. Ich weiß das, ich war mit einem Gaslighter verheiratet.

Zuerst finde ich es wichtig zu sagen, dass Gaslighting nichts ist, was nur besonders naiven Menschen passiert. Jede kann Opfer von Gaslighting werden, auch Personen, die vielleicht sogar überdurchschnittlich intelligent sind oder nur so vor Selbstbewusstsein strotzen. Denn das absolut Perfide an Gaslighting ist, dass es nur von Personen begangen werden kann, die dir nahestehen. Und zwar so nahe, dass du für die Person selbst deinen letzten Schutzwall niedergerissen hast und ihr blind vertraust. Genau aus diesem Grund kann es wirklich jeder passieren. Opfer von Gaslighting geworden zu sein sagt rein gar nichts darüber aus, wie anfällig, klug oder reflektiert jemand ist. Auch ich wurde gegaslighted, und es hat gedauert, bis ich bemerkt habe, was passiert.

Mein früherer Partner log, verfälschte die Wahrheit und manipulierte Geschichten, bis ich nicht mehr sicher war, was wahr war und was nicht. Wenn ich ihn damit konfrontierte, hörte ich meist Sätze wie »Du missinterpretierst meine Worte, Mia« oder dass ich vergesslich oder verwirrt sei. Seine Stimme klang dabei immer ganz besorgt, es war nie ein Vorwurf darin zu hören. Wenn er sich um mich sorgte, musste irgendwas mit mir nicht stimmen, dachte ich. Er gaslightete mich aber nicht nur mit seiner Version der Realität, sondern griff auch zwei Bereiche an mir an, die mir schon seit jeher – aber seitdem besonders – wichtig sind: meine Güte und meine Stärke. Ich mag meinen freundlichen Charakter und ich mag es, anderen zu helfen. Doch er verkaufte sie mir als Schwäche, überzeugte mich davon, dass mich alle deswegen ausnutzen würden. Schließlich gelang es ihm sogar, mich dazu zu bringen, misstrauisch gegenüber meinen Freunden und meiner Familie zu sein, bis ich mich isoliert und allein fühlte. Er behauptete, mich besser zu kennen als ich mich selbst, und auch, dass ich nicht so stark sei, wie ich wohl dachte. Und obwohl ich um meine Stärke wusste, zweifelte ich an mir. Ich zweifelte also nicht mehr nur an den Geschichten, die er mir erzählte, sondern auch an meiner eigenen Persönlichkeit. Alles, was mich ausmachte und mir wichtig war, verunsicherte mich jetzt. Meine Realität wurde so stark manipuliert, dass ich mich selbst und die Dinge, die mir wichtig waren, kaum noch erkannte. Diese Unwissenheit und dieser Schmerz, die mich jeden Tag begleiteten, waren fast unerträglich.

Der Begriff »Gaslighting« kam erstmals als Titel für ein Theaterstück auf, das vom britischen Autor Patrick Hamilton 1938 geschrieben wurde. In der Geschichte geht es um einen Mann, der seine Frau absichtlich in den Wahnsinn treiben will, um an ihr Erbe zu kommen. Er manipulierte das Gaslicht (daher der Begriff »Gaslighting«), mit dem damals Häuser beleuchtet wurden, und drehte es jeden Tag ein kleines Stück runter, sodass es immer ein wenig, kaum merkbar, dunkler im Haus wurde. Jedes Mal, wenn seine Frau ihn auf die veränderte Beleuchtung ansprach, tat er so, als könnte er keinen Unterschied feststellen. Sogar als das Licht so sehr abgedunkelt war, dass er nicht mal die Zeitung in seiner Hand lesen konnte, behauptete er, sie irre sich und die Gaslichter seien alle so hell wie sonst auch immer. Er trieb das Spiel so lange, bis sie an ihrem eigenen Verstand zweifelte. Und genau das ist das Ziel von Gaslighting: dich so sehr zu verunsichern, dass du die Realität komplett infrage stellst und am Ende bezweifelst, dass der Himmel blau ist.

Woran kannst du Gaslighting erkennen? An Situationen und Erinnerungen daran ist das schwer festzumachen. Denn wenn du das Gefühl hast, eine Situation hat sich auf eine Art abgespielt, und dein Partner redet dir das aus und behauptet, es sei auf die andere Art gewesen, kann das ein Indiz für Gaslighting sein. Oder dafür, dass du dir nichts merken kannst.

Woran aber niemand, nicht mal ein Gaslighter, rütteln kann, ist deine Gefühlswelt. Wenn es häufiger passiert, dass du deinem Partner kommunizierst, dass du dich verletzt fühlst, und er darauf deine Gefühle kleinredet, sie dir ausredet oder so tut, als wären sie nicht existent, wirst du gegaslighted. Denn deine Gefühle kennst nur du, niemand kann sie dir absprechen, sie für übertrieben oder fehl am Platz erklären. Bei Geschehnissen und Erinnerungen kann es immer noch eine andere Erklärung geben. Bei Gefühlen kannst du dir sicher sein: Wenn du das fühlst, dann fühlst du das so. Gefährlich kann es für dich werden, wenn du durch das Gaslighten anfängst, an deinen Gefühlen zu zweifeln.

Auch hier hast du als Lösung wieder die Entscheidung in der Hand, wie du die Situation für dich ändern willst. Ob du den Dialog suchst, in der Hoffnung, gemeinsam eine Lösung zu finden. Allerdings muss dir bewusst sein, dass man mit harten Gaslightern nicht diskutieren kann. Andere hingegen wollen an sich arbeiten und sich verändern. Wieder gilt: Du kannst niemanden heilen. Gerade in Partnerschaften kann das eine schmerzhafte Erkenntnis sein. Vor allem, wenn du in deinem Partner ein Potenzial siehst, das er nicht ausschöpft, niemals nutzen wird und sich durch sein destruktives Verhalten sogar immer weiter verbaut. Es ist nicht leicht, sich davon zu lösen, weil ja immer noch die Hoffnung mitwabert, dass die Veränderung doch noch eines Tages kommt. Die Veränderung kommt aber nur aus dem eigenen Inneren, also wenn du sie bei dir anstößt – für dich und dein Leben.

PROBIER ES MAL DAMIT

Wieder folgen an dieser Stelle einige *Anstatt zu sagen*, die für dich eine Hilfestellung sind.

DAS VERTRAUEN

ANSTATT ZU SAGEN: *Ich wurde schon so oft enttäuscht, es hat keinen Sinn, anderen zu vertrauen.*

PROBIER ES MAL DAMIT: *Jeder Mensch ist einzigartig, und vergangene Enttäuschungen bedeuten nicht, dass ich immer enttäuscht werde. Ich kann meine Erfahrungen nutzen, um klügere Entscheidungen zu treffen und mein Vertrauen Stück für Stück aufzubauen.*

DIE GEMEINSAME ZUKUNFT

ANSTATT ZU SAGEN: *Du machst immer nur das, was du willst. Du denkst nicht an unsere gemeinsame Zukunft.*

PROBIER ES MAL DAMIT: *Ich verstehe, dass wir verschiedene Lebensziele haben, und ich möchte eine Lösung finden, die sowohl deine als auch meine Bedürfnisse berücksichtigt. Können wir gemeinsam nach einem Weg suchen, der für uns beide funktioniert?*

DER UMGANG MIT STRESS

ANSTATT ZU SAGEN: *Du machst alles nur schlimmer, wenn du gestresst bist.*

PROBIER ES MAL DAMIT: *Ich merke, dass wir beide gestresst sind und es uns schwerfällt, damit umzugehen. Können wir gemeinsam überlegen, wie wir besser damit umgehen können?*

DAS GEMEINSAME GELD

ANSTATT ZU SAGEN: *Du solltest mehr arbeiten, damit wir genug Geld haben.*

PROBIER ES MAL DAMIT: *Lass uns gemeinsam überlegen, wie wir unsere finanziellen Ziele erreichen können. Welche Möglichkeiten haben wir, um unsere Einnahmen zu erhöhen oder Ausgaben zu reduzieren?*

DIE UNTERSCHIEDLICHEN MEINUNGEN

ANSTATT ZU SAGEN: *Du hast keine Ahnung, wie man Kinder erzieht. Du machst alles falsch.*

PROBIER ES MAL DAMIT: *Ich möchte gerne über unsere unterschiedlichen Ansichten zur Kindererziehung sprechen. Können wir gemeinsam nach Lösungen suchen, die für uns beide funktionieren?*

DER VERMEINTLICHE EGOISMUS

ANSTATT ZU SAGEN: *Es ist egal, was ich will. Du machst immer nur, was du willst.*

PROBIER ES MAL DAMIT: *Ich möchte, dass wir die Bedürfnisse von uns beiden berücksichtigen. Können wir eine offene Diskussion führen und nach Wegen suchen, die uns beide zufriedenstellen?*

FAMILIE UND FREUN-DINNEN

Warum ich Familie und Freundinnen in einem Kapitel zusammenfasse? Für mich ist das ganz naheliegend, immerhin sind das die beiden weiteren wichtigen Gruppen an Kontakten, die wir haben. Zumindest im Privaten, über Business sprechen wir im Anschluss. Der größte Unterschied zwischen deiner Familie und deinen Freundinnen ist die Art, wie sie in dein Leben gekommen sind. Deine Freundinnen hast du dir als solche ausgesucht. Du hast sie zu irgendeinem Zeitpunkt kennengelernt, mochtest etwas an ihnen und hast entschieden, dass sie jetzt deine Freundinnen sind. Einige deiner Freundschaften existieren vielleicht auch nicht mehr, womöglich aufgrund eines Streits oder einfach, weil ihr euch auseinandergelebt habt.

Bei deinen Freundinnen kannst du entscheiden, wie lange diese Freundschaften dein Leben begleiten. Das bedeutet aber nicht, dass Freundschaften immer reibungslos funktionieren. Auch hier gibt es Potenzial für Konflikte, zwischenmenschliche Stolperfallen und auch schlichtweg ungesunde Beziehungen. Deine Freundschaften prüfen wir auf Herz und Nieren am Ende dieser Kategorie.

Zuerst behandeln wir jedoch das Thema Familie. Denn im Gegensatz zu kommenden und gehenden Freundschaften ist deine Familie einfach da. Im Prinzip sind Familien ein Haufen Leute, die einfach wild zusammengeworfen wurden. Per Zufallslos, wenn man so will. Wenn man es aus dieser Perspektive betrachtet, wird vielleicht schon klar, warum es bei Familien häufig unter der Oberfläche brodelt, vor allem in Fragen des *Mindsaid*. Wir werfen einen genauen Blick unter ebendiese Oberfläche und wie immer zeige ich dir, wie du das Miteinander innerhalb deiner Familie drastisch verbessern kannst.

Fangen wir mit den Personen an, die von Anfang an bei dir waren: mit deinen Eltern. Natürlich geht es nicht nur um Eltern in diesem Kapitel; wir sprechen auch über deine Geschwister, Großeltern, Cousinen – und je nachdem, wie dein Familiengefüge aufgebaut ist, fühlst du dich angesprochen oder nicht. Doch hauptsächlich werde ich in diesem Kapitel von Eltern reden. Zum einen, weil sie nichts Geringeres sind als die absoluten Endgegner des Tuchs. Zum anderen, weil die Erwartungshaltungen, die hier oftmals im Spiel sind, noch mal andere sind als beispielsweise zwischen Geschwistern. Wie immer gilt aber, dass du das Wissen, das ich dir hier vermittle, auf alle deine Verwandten anwenden kannst.

Fangen wir zuerst wieder mit meiner Familie an, genauer mit meiner Mutter und Großmutter.

DIE GESCHICHTE MEINER FAMILIE

Vielleicht kennst du das ja: Nachdem du mit der Schule fertig warst, hast du deinen Eltern gesagt, dass du gerne ein Jahr nach Australien gehen willst. Deine Mutter reagierte mit: »Aber das ist doch gefährlich!« Da warst du vermutlich genervt, denn das ist ein Knopf bei dir, den deine Mutter recht häufig drückt. In dir entsteht das Gefühl, dass sie dir nichts zutraut. Deine Mutter dagegen hat von ihrer Mutter auch immer nur Angst vermittelt bekommen, hat immer nur vorgebetet bekommen, vorsichtig zu sein im Leben und lieber etwas langsamer zu machen, als vorschnell übers Ziel hinauszuschießen. Ihrer Mutter, deiner Großmutter also, hat man nämlich auch schon früh das Trauma Angst eingepflanzt, weil sie in einem zerstörten und zerrütteten Land aufgewachsen ist. Wenn deine Mutter also immer nur Angst um dich hat, dann hat sie das, weil sie von ihrer Mutter nichts anderes als Angst gelernt hat. Mit deiner Selbstständigkeit oder Überlebensfähigkeit in Australien hat das gar nichts zu tun.

Dieses Beispiel ist nicht sehr weit hergeholt, denn im Prinzip ist das die Geschichte meiner Familie: Meine Großmutter war ein Kind der Nachkriegszeit, sie und meine Mutter haben den jugoslawischen Krieg miterlebt. Ihrer beider Leben ist geprägt von Angst, sie ist ihr gemeinsamer Nenner – die Angst vor dem Alleinsein, Angst vor Gewalt, Angst vor Mangel. Noch heute hortet meine Großmutter Essen aus Angst vor

Hungersnöten, als natürliche Reaktion auf die harten Zeiten, die sie erlebt hat und die sie geprägt haben. Die Angst vor dem Alleinsein und der Gewalt prägte sie dahingehend, dass das Überleben und die Sicherheit in der Ehe zu finden waren. Wenn du verheiratet warst, konnte dir nichts passieren. Deshalb haben sie mir eingetrichtert, die perfekte Ehefrau zu werden. Schulbildung, einen Beruf erlernen oder Karriere machen, all das war für sie nie wichtig, sondern nur, dass ich einen Ehemann fand. Ab dem Zeitpunkt, ab dem ich verheiratet war, war in ihren Augen alles gut, und die Probleme, die es in meiner Ehe gab, waren nie so wichtig wie das Verheiratetsein an sich.

Man könnte sie jetzt verurteilen, weil es für sie nicht um mein persönliches Glück ging. Doch in ihren Augen ging es doch darum, denn sie konnten sich nicht vorstellen, wie eine Frau ohne Mann und Kinder überleben könnte. Die dominante Absicht hinter ihrem Verhalten war der Wunsch, mich vor den Ängsten zu schützen, die sie selbst durchleben mussten.

DEINE ELTERN SIND AUCH NUR MENSCHEN

Die erste Übung, wenn du so willst, ist es also, zu verstehen, dass deine Eltern auch nur Menschen sind. Nicht mehr, aber auch nicht weniger. Und sosehr du glaubst, dass du sie kennst, tust du es höchstens genauso sehr, wie sie behaupten, dich zu kennen. Denn du weißt nicht, was ihnen in ihrem Leben alles widerfahren ist. Du kennst ihre Vergangenheit nicht und daher auch nicht ihre Gegenwart. Sicher, du kennst Auszüge daraus, aber du warst nicht dabei, als deine Eltern ihre ersten prägenden Erfahrungen gemacht oder einschneidende Enttäuschungen erlebt haben.

Solche prägenden Erlebnisse könnten von ihren eigenen Eltern ausgelöst worden sein. Wenn du dir die Generationen vor dir einfach nur einmal auf einem Zeitstrahl anschaust, wird dir sofort etwas klar: Deine Großeltern haben mit ziemlicher Wahrscheinlichkeit den Zweiten Weltkrieg miterlebt oder zumindest die Jahre unmittelbar danach. »Was hat das mit mir zu tun?«, fragst du dich nun vielleicht. Mehr, als du vielleicht denkst. Denn wie bei einem Staffellauf übertragen sich Muster und auch Traumata von einer Generation zur anderen.

Ich habe früher auch die gut gemeinten Ratschläge meiner Mutter und meiner Großmutter abgetan und als total veraltet betrachtet. Doch als ich verstanden habe, dass sie auf ihren eigenen Ängsten und Erfahrungen beruhten, wurde ich augenblicklich versöhnlicher.

Kennst du das? Deine Mutter sagt etwas, und innerhalb von einer Sekunde könntest du an die Decke gehen. Das kann ein Kommentar zu deinem Aussehen sein, die Frage, wieso du denn immer noch Vegetarierin bist, oder der Klassiker: die »Was stellst du eigentlich mit deinem Leben an?«-Frage. Niemand sonst auf der Welt schafft es, diese Knöpfe bei dir zu drücken. Und es ist auch nur deine Mutter, bei der dieser eine Kommentar dich sofort aus der Haut fahren lässt. Würde jemand anderes exakt dieselben Worte sagen, würden sie dich wahrscheinlich kaltlassen.

ANSTATT ZU SAGEN: *Ihr solltet nicht über das Aussehen von anderen urteilen.*

PROBIER ES MAL DAMIT: *Ich wünsche mir eine Familie, die mich so akzeptiert, wie ich bin, und mich aufgrund meiner inneren Qualitäten und meines Charakters schätzt.*

Doch warum ist das so, dass gerade deine Eltern direkt zu dir durchkommen und dein Tuch sich schon von allein um deinen Lieblingsgegenstand schmiegt? Das klären wir im Laufe dieses Kapitels.

Wenn unsere Eltern etwas sagen, was uns triggert und verletzt, dann tun sie das aus ihrem eigenen Trigger heraus. Klar, das machen alle Menschen. Eine Besonderheit bei der Beziehung zwischen Eltern und Kindern ist aber, dass deine Eltern lange Zeit deines Lebens deine Heldinnen und damit unantastbar gewesen sind. Du hast zu ihnen aufgeschaut, in deinen Augen konnten sie alles und wussten auch alles. Doch irgendwann auf dem Weg zwischen deiner Kindheit und der Gegenwart hast du lernen müssen, dass sie auch Fehler haben. Dass sie sehr wohl antastbar sind und manchmal auch scheitern. Eben weil sie einfach Menschen sind und das auch schon immer waren. Sie haben auch keine Anleitung für dieses Leben bekommen und versuchen genauso wie wir, ihr Bestes zu geben. Dabei passieren Fehler, und manchmal ist der Fehler, dass sie ihre eigenen Ängste auf ihre Kinder projizieren. Aus diesem Grund hast du bei ihnen eine besonders kurze Zündschnur. Deshalb gibt es Dinge, die dich triggern. Deshalb ist dein Tuch stärker geworden und hat sich Schicht um Schicht um deinen Lieblingsgegenstand gelegt.

ANSTATT ZU SAGEN: *Warum versteht ihr nicht, dass meine Bedürfnisse wichtig sind?*

PROBIER ES MAL DAMIT: *Ich verstehe, dass es unterschiedliche Perspektiven gibt, und meine Bedürfnisse sind für mich von großer Bedeutung. Ich bitte darum, dass ihr mir zuhört und versucht, meine Perspektive zu verstehen.*

Das bedeutet nicht, dass du dich nicht mehr getriggert fühlen darfst oder dich nicht mehr ärgern wirst über einen Ratschlag deiner Mutter. Aber es hilft, mit mehr Verständnis und Mitgefühl durch die Situationen zu gehen. Hinter jedem Trigger, den deine Eltern in dir auslösen, steht ein Bedürfnis von dir, das nicht von ihnen erfüllt wurde. Und je lauter und präsenter der Trigger für dich ist, desto kürzer bist du davor, deinen Eltern zu sagen: »Ich habe dieses Bedürfnis und ihr habt mir das nicht erfüllt. Deshalb muss ich mich jetzt selbst darum kümmern.« Doch bisher hast du nicht die richtigen Worte gefunden, weil du auch den Ursprung dieses Gefühls nicht kanntest. Darum kümmern wir uns nun in den folgenden Kapiteln. Es wird darum gehen, Verantwortung für dich und dein eigenes Leben zu übernehmen. Es ist also für dich an der Zeit, wirklich erwachsen zu werden.

ERWACHSENSEIN – EINE FRAGE DES ALTERS?

Ob jemand erwachsen ist, erkenne ich nicht am Alter, sondern daran, wie die Person sich verhält. Du kannst das auch, schließlich habe ich ja keine hellseherischen Fähigkeiten oder so. Unterbewusst ist dir das bestimmt schon häufig gelungen, und zwar jedes Mal genau dann, wenn du eine mindestens volljährige Person in ihrem Verhalten beobachtest und gedacht hast: »Die benimmt sich, als wäre sie zwölf Jahre alt.«

Wir müssen also unterscheiden zwischen »Volljährigkeit« und »Erwachsensein«. Volljährigkeit ist ein Zustand, den man offiziell automatisch mit dem 18. Lebensjahr erreicht. Erwachsensein ist eine Entscheidung, die man trifft. Es bedeutet mehr, als nur älter zu werden. Denn erwachsen zu sein bedeutet in erster Linie, Verantwortung zu übernehmen – für die Dinge, die wir tun, und vor allem für die Dinge, die wir verbocken – und zu lernen, was gut für uns ist und was nicht. In den ersten Jahren ist es die Aufgabe unserer Eltern, uns dieses Wissen zu vermitteln. Eine heiße Herdplatte ist schlecht, Gemüse gut. Als Erwachsene sind wir aber selbst verantwortlich für unser Wohlergehen. Wir müssen aufmerksam sein, der Welt und auch unserer inneren Stimme zuhören. Wir müssen lernen, Entscheidungen dahingehend zu treffen, dass wir an ihnen wachsen und stärker werden. Es bedeutet auch, dass wir lernen müssen, Situationen, Menschen und eigene Muster und Verhaltensweisen zu vermeiden, wenn diese uns schaden oder uns daran hindern, unser volles Potenzial zu entfalten.

Und das ist manchmal richtig schwer. Denn wir fühlen uns von genau den Menschen und Dingen angezogen, die uns nicht guttun – toxische Beziehungen sind das erste Beispiel, das vermutlich jeder dazu einfällt. Auf der anderen Seite haben wir manchmal auch Angst vor genau den Sachen, die gut für uns sind und uns weiterbringen. Ja, manchmal haben wir Angst vor unserem eigenen Potenzial. Ängste werden wir immer wieder haben im Leben, erwachsen zu sein ist auch die Entscheidung, sich diesen Ängsten zu stellen.

Erwachsen zu werden ist ein Lernprozess. Wie immer, wenn wir etwas Neues lernen, braucht das Übung. Und je länger und öfter du übst, desto besser wirst du darin.

Wenn du nun bei dem Verhalten einer Person den Kopf schütteln und dich fragen musst, ob diese trotz Volljährigkeit noch zwölf Jahre alt ist, dann ist sie das wirklich auf eine gewisse Art. In ihrer persönlichen Entwicklung und Reife hat sich seit ihrem zwölften Lebensjahr bei ihr nämlich nicht viel getan, die Person hat sich noch nicht dazu entschieden, wirklich erwachsen werden zu wollen. Wenn du dieses Verhalten bei dir erkennst, ist jetzt der Moment für dich zu entscheiden: Bist du bereit, das Kindsein und das Teenagersein zu lassen und die erwachsene Frau zu werden, die du bist – und eben auch so zu handeln?

Lass es mich so sagen: Allein dadurch, dass du dich dazu entschieden hast, dieses Buch zu lesen, hast du deine Entscheidung schon gefällt. Nun ist es an der Zeit, dir auch aktiv zu sagen, dass du bereit bist für diese Veränderungen.

Rituale helfen beim Erwachsenwerden

Viele Kulturen haben Initiationsrituale, die den Übergang vom Kindesalter zum Dasein als erwachsener Mensch feiern – ein rituelles Fest, ein Symbol für den neuen Lebensabschnitt, eine zeremonielle Handlung. Ich empfinde Rituale als etwas unendlich Wertvolles, weil sie einen Rahmen geben, indem wir etwas ganz bewusst zelebrieren. Ich habe vier

Rituale für dich, mit denen du deinen Prozess zur erwachsenen Version deiner selbst starten kannst. Ob du eines oder alle oder ein paar machst, bleibt ganz dir überlassen. Lies sie dir durch und du wirst intuitiv spüren, welche für dich ganz natürlich eine große Bedeutung haben.

ERWACHSENWERDEN-RITUALE

Schreibe einen Brief an dein inneres Kind

In diesem Brief dankst du ihm für seine Stärken, seine Träume und seine Fantasien. Schreib ihm, dass du gleichzeitig die Ängste und Wunden, die es hat, erkennst und dass du es als Erwachsene beschützen und für es sorgen wirst.

Vollführe eine symbolische Handlung

Wähle ein Objekt, das für dich deine Kindheit symbolisiert. Das kann ein Spielzeug sein, ein Foto oder ein anderes Erinnerungsstück. Wichtig ist, dass es eine Verbindung zu deiner Kindheit und einen sentimentalen Wert für dich hat. Platziere den Gegenstand in einer schönen Schachtel und verstaue diese an einem für dich besonderen Ort. Mit diesem Ritual ehrst du deine Kindheit und machst dir bewusst, dass du nun aber bereit bist, einen neuen Lebensabschnitt zu beginnen.

Erstelle ein Vision Board

Auf deinem Vision Board kannst du dich ausprobieren und festhalten, wie du als Erwachsene sein willst und was du erreichen möchtest. Das kann sich auf deinen Beruf beziehen, deine Beziehung, deine Selbstentfaltung und alles, was dir wichtig ist oder einmal wichtig sein wird. Dein Vision Board ist keine statische Wand, sondern es darf mit dir mitwachsen und sich entwickeln.

Schau es dir regelmäßig an, es erinnert dich daran, dass du nun die Kontrolle über dein Leben hast.

Versuche es mit Meditation

Setz dich gemütlich hin, schließ die Augen und visualisiere dich selbst als die erwachsene Version deiner selbst. Stell dir vor deinem inneren Auge vor, wie souverän und selbstbewusst du Entscheidungen für dich und dein Leben triffst, wie du Verantwortung übernimmst und wie du allein dein eigenes Leben gestaltest.

Mit dem folgenden Mantra schließe ich meine Meditationen ab, und ich möchte es gerne mit dir teilen:

»Erwachsen werden ist kein plötzliches Ereignis. Es ist ein lebenslanger Prozess. Jeder Tag ist eine neue Chance, die Frau zu sein, die ich sein möchte.«

Du wirst vermutlich erwachsener sein als deine Eltern

Doch was hat das alles mit deinen Eltern zu tun? Es kann sein, dass sie sich nie dazu entschieden haben, erwachsen zu werden. Keine Verantwortung für ihr Leben und ihre Entscheidungen zu tragen. Oder zumindest nicht in einem solchen Maße wie du. Sie sind es nicht gewohnt, auf die Art und Weise an sich und der eigenen Persönlichkeit zu arbeiten, sich den eigenen Traumata zu stellen und an diesen zu arbeiten, wie eben wir es tun. Wenn du an deine Freundinnen und Bekannten denkst, fallen dir mit Sicherheit sofort eine Handvoll Personen ein, die Bücher zu diesen Themen lesen, Seminare besuchen oder sich entschieden haben, zur Therapie zu gehen. Würden dir ebenso viele Beispiele in der Altersklasse deiner Eltern einfallen? In den älteren Generationen trifft man selten Menschen, die so verstehen wie wir, wie wichtig es ist, mit sich zu arbeiten. Allein ein Begriff wie »Therapie« ist nach wie vor oftmals total stigmatisiert, nach dem Motto »Das brauchen doch nur Leute, bei denen irgendwas nicht ganz richtig ist«.

Mein Vater sagte immer: »Ein Chirurg hat am wenigsten Ahnung von Medizin, aber wenn du zu ihm gehst, schneidet er dir irgendwas weg und es geht dir besser. Er kann dir am besten helfen. Ein Allgemeinmediziner hat die meiste Ahnung von Medizin, aber wenn du zu ihm gehst, tut dir danach immer noch alles weh. Es hilft nicht. Und ein Psychologe hat überhaupt keine Ahnung von Medizin und helfen kann er dir auch nicht.« Mein Vater ist an den Folgen seines übermäßigen Alkoholkonsums gestorben. Er begann zu trinken, als er nach 30 Jahren seinen Job verlor. Ich hätte mir gewünscht, er hätte seine Vorbehalte überwunden und mit jemandem gesprochen. Doch in seiner Generation hatte man zu funktionieren – vor allem nach außen – und fertig. Probleme wurden totgeschwiegen, ertränkt oder anders kompensiert. Oftmals ist der Generation unserer Eltern auch gar nicht bewusst, dass ihre Psyche, ihr Mindset und auch ihre mentale Gesundheit thematisiert werden können und dass sie diese Themen angehen und daran arbeiten können. Sie wissen einfach nicht, dass das möglich ist, und kommen deshalb auch gar nicht auf die Idee, sich damit zu befassen.

Ein Gedankenexperiment

Stell dir vor, du wärst ein Nachkriegskind, geboren in einer Zeit, in der die Welt gerade eine enorme Veränderung durchgemacht hat. Alles um dich herum ist zerstört, das Essen ist knapp, und Überleben ist zu deinem Alltag geworden. Die Gedanken, die du dir den Tag über machst, sind nicht die, was du zum Mittagessen haben oder welchen Film du sehen möchtest, sondern wie du die nächste Mahlzeit finden oder ob du sicher schlafen kannst. Dein Zuhause ist vielleicht nur eine bescheidene Unterkunft, ohne jeglichen Luxus. Deine Eltern sind immer besorgt, immer wachsam und immer auf der Hut. Sie vermitteln dir früh,

dass das Leben hart ist, dass du dich auf das Wesentliche konzentrieren musst – das Überleben.
In dieser Welt wird dir beigebracht, stark zu sein, hart zu arbeiten und niemals aufzugeben. Emotionen und Gefühle werden als Schwächen angesehen. Du lernst, sie zu verstecken, sie zu unterdrücken, sie zu ignorieren. Selbst wenn du Schmerz oder Trauer fühlst, wird dir beigebracht, weiterzumachen, stark zu bleiben, nicht zu weinen.
Kannst du dich in die Situation hineinversetzen? Dann stell dir jetzt vor, jemand würde dir eine Therapie vorschlagen. Wie würdest du das sehen? Im besten Fall als einen Luxus, den du dir nicht leisten kannst. Im schlechtesten Fall als etwas Unnötiges, das man nicht braucht (und nicht brauchen darf). Du bist damit beschäftigt zu überleben, du hast keine Zeit für Gespräche über Gefühle oder Vergangenheitsbewältigung. Vielleicht erscheint es dir sogar als eine Art Schwäche, zu einer Therapie zu gehen, eben weil du gelernt hast, deine Gefühle zu verstecken und »stark« zu sein.

Dies ist definitiv keine Rechtfertigung für die Ablehnung einer Therapie. Aber es kann dir helfen, zu verstehen, warum Menschen aus Kriegs- und Nachkriegszeiten oft Schwierigkeiten haben, die Notwendigkeit oder den Wert von Therapien anzuerkennen. Sie sind in einer Welt aufgewachsen, in der das Überleben an erster Stelle stand, und diese Einstellung hat ihre Sicht auf das Leben und die persönliche Gesundheit geprägt.

Es ist also durchaus möglich, dass du nach diesem Buch reifer sein wirst als deine Eltern. Vielleicht ist das ja auch jetzt schon der Fall und du wusstest bisher einfach nicht, wie du mit diesem Gefühl umgehen solltest, weil dich diese Situation so überforderte.

Der Moment, wenn du realisierst, dass du reifer bist als deine Eltern, ist auch der Moment, in dem du begreifst, dass du erwachsen bist. Dieser Moment oder die Erkenntnis können sich erschütternd, überwältigend und auch überfordernd anfühlen. Denn die Art, wie du deine Eltern siehst, ändert sich komplett. Sie sind nicht mehr die Personen, die quasi »über dir stehen«. Das Autoritätsgefälle existiert nicht mehr, und im besten Fall trefft ihr euch nun auf Augenhöhe.

Du kannst mit dieser Situation klarkommen, allein dadurch, dass du dir bewusst wirst, was diese Veränderung ausgelöst hat – nämlich deine persönliche Reife und dein Wachstum. Wenn dir bewusst ist, was da passiert ist, bringst du von ganz allein Verständnis mit in die neue Situation. Denn du darfst nicht vergessen: Der Wechsel von einem Eltern-Kind-Gefälle zu einem Treffen auf Augenhöhe bedeutet nicht nur für dich eine Veränderung, es ist auch für deine Eltern neu. Der Unterschied ist, dass sie mit ziemlicher Sicherheit nicht verstehen, was genau passiert ist.

Vertrauen – die Basis für eure Beziehung auf Augenhöhe

Versetz dich einmal in ihre Lage: Deine Mutter war schwanger mit dir, neun Monate lang (oder zehn, je nach Rechnung). Dann wurdest du geboren und warst völlig auf sie angewiesen. Ungefähr 15 Jahre ihres Lebens haben deine Eltern sich intensivst um dich gekümmert, haben dich von deinen ersten eigenen tapsigen Schritten bis zur Pubertät begleitet. Dieser Übergang in die Volljährigkeit mit seinen Facetten wie deinem Auszug von zu Hause ist für deine Eltern mit Sicherheit nur ganz schwer zu greifen und auch zu akzeptieren gewesen. Denn Eltern verstehen ihre Kinder als Teil von sich. Dass du zur Familie gehörst, verwechseln sie mit der Idee, dass du ihnen gehörst, weil du ja ein Teil von ihnen bist. In dem Kopf deiner Eltern wirst du immer das dreijährige Kind bleiben. Der Prozess, dich als eigenen und eigenständigen Menschen zu sehen und zu akzeptieren, fällt ihnen schwer, und manche Eltern schaffen es nie. Falls du jüngere Geschwister, Nichten, Neffen oder Cousinen und Cousins hast, kannst du dieses Gefühl sicherlich nachvollziehen. Denn niemand behauptet, dass es leicht ist, den Switch zu schaffen, eine Person, die man seit klein auf kennt und aufgezogen hat, nun als Erwachsene zu begreifen. Aber es ist wichtig.

ANSTATT ZU SAGEN: *Warum mischt ihr euch immer in mein Leben ein?*

PROBIER ES MAL DAMIT: *Ich verstehe, dass ihr euch sorgt, und ich möchte selbstständig lernen und wachsen. Ich brauche Raum, um meine eigenen Entscheidungen zu treffen und daraus zu lernen.*

Wenn deine Eltern dich als Teil von sich sehen, kreieren sie unbewusst gigantische Erwartungen an dich: Du sollst so sein wie sie, du sollst so leben wie sie, und oftmals sollst du auch die Träume ausleben, die ihnen verwehrt geblieben sind. Doch die Wahrheit, die für deine Eltern, aber vielleicht auch für dich im ersten Moment eine bittere Pille ist, ist diese:

> Es ist nicht deine Aufgabe, das Leben zu leben, das deine Eltern sich für dich wünschen oder selbst gerne hätten.
> Es ist nicht deine Aufgabe, ihren Erwartungen gerecht zu werden.
> Es ist nicht einmal deine Aufgabe, sie zu mögen oder gerne Zeit mit ihnen verbringen zu wollen.

Zumal es ziemlich wahrscheinlich ist, dass du es deinen Eltern dein Leben lang zum Vorwurf machen würdest, wenn du etwas nur für sie machen würdest – zum Beispiel das BWL-Studium, das sie sich für dich wünschen, obwohl du lieber an die Filmhochschule wolltest. Damit würdest du allerdings im selben Muster handeln wie deine Eltern, wenn sie versuchen, ihr Ziel zu erreichen, indem sie dir ein schlechtes Gewissen machen. Das ist übrigens eine oft anzutreffende Art der elterlichen Manipulation.

ANSTATT ZU SAGEN: *Warum macht ihr mir immer ein schlechtes Gewissen?*

PROBIER ES MAL DAMIT: *Ich verstehe, dass ihr Bedenken habt, doch es ist wichtig für mich, dass ich meine eigenen Entscheidungen treffe und mich nicht von Schuldgefühlen beeinflussen lasse.*

Nur weil wir verwandt sind mit Menschen, heißt das nicht automatisch, dass wir uns mögen müssen oder gut miteinander auskommen. Dazu kannst du dir einfach mal die Frage stellen, ob du gerne mit den Personen in deiner Familie befreundet wärst, wenn ihr nicht miteinander verwandt wärt.

Vertrauen durch neue Grenzen

Familien im Allgemeinen und Eltern im Speziellen sind dafür bekannt, keine Grenzen zu kennen – oder sie geflissentlich zu ignorieren. Wenn du als Kind gesagt hast, dass du keinen Spinat magst, hast du zur Antwort bekommen, dass du davon groß und stark wirst, und du musstest so lange sitzen bleiben, bis du das grüne Gemüse irgendwie runtergewürgt hattest. Das war übergriffiges Verhalten, weil deine Eltern deine Grenze nicht respektiert haben. Da die Aufgabe von Eltern ist, ihren Kindern beizubringen, was gut oder schlecht für sie ist, haben sie natürlich auch die Idee davon, dass sie immer wissen, was gut oder besser für dich ist. Und da sie niemals aufhören, dich als kleines Kind zu sehen, ändert sich an diesem Glaubenssatz auch nichts. Sie sind immer noch der Überzeugung, dass sie wissen, was richtig für dich und dein Leben ist, und wollen dir vorschreiben, dass du lieber BWL anstatt Kunst studieren sollst. Du fühlst dich durch die ständigen Übertritte bedrängt und versuchst, deine Grenzen zu verteidigen, doch du weißt nicht, wie du das anstellen sollst, solange deine Eltern mit einem einzigen »Ach papperlapapp, stell dich nicht so an« weiterhin über deine Grenzen marschieren.

Das frustriert dich, du fühlst dich nicht ernst genommen. »Ich bin kein Kind mehr« ist so ein Satz, der in diesem Kontext öfter fällt. »Du bleibst für immer mein Kind« ist eine Antwort, die darauf folgt, und so kommt es zu Auseinandersetzungen und Konflikten.

Was gibt es nun also zu tun? Du musst dir vorstellen, dass die erwachsene Version von dir ein ganz neuer, fremder Mensch für deine Eltern ist. Deshalb ist es an dir, ein neues Vertrauen zu deinen Eltern aufzubauen. Mit diesem Vertrauen schaffst du auch Grenzen, wo bisher keine waren. Das bedeutet: Wenn du ihnen ein Versprechen gibst, dann musst du dem auch Taten folgen lassen. Solange sie dieses Vertrauen nicht haben, werden sie dich weiter wie ein Kind behandeln. Doch wenn sie die erwachsene Version von dir kennengelernt und ihr ein gemeinsames Fundament aufgebaut habt, dann können deine Eltern deine besten Freundinnen werden. Und weißt du, was beste Freundinnen tun? Sie respektieren die Grenze der anderen.

Erinnerst du dich an die Bindungstypen aus dem Kapitel »Paarbeziehung«? Natürlich haben auch deine Eltern eine Bindung dir gegenüber (und du zu ihnen). Das solltest du dir bewusst machen, denn es führt dazu, dass du deine Kommunikation zu deinen Eltern veränderst.

Das Neinsagen-Sandwich

Du willst, dass sie deiner erwachsenen Version vertrauen, und du weißt, dass sie in Abhängigkeit zu dir leben. Das bedeutet für dich, dass du nicht nur viel Verständnis für sie aufbringst (Verständnis, kein Mitleid!) und feinfühliger mit ihnen kommunizierst. Ganz konkret übernimmst du das Ruder, bleibst innerhalb deiner Grenzen und machst ihnen aktiv Angebote und Vorschläge, aus denen sie auswählen können und die sich für dich gut anfühlen. So können deine Eltern für sich herausfinden, welche Kompromisse auch innerhalb ihrer Wohlfühlzone liegen.

DEINE MUTTER RUFT AN UND MÖCHTE, DASS DU SIE AM WOCHENENDE BESUCHEN KOMMST.

ANSTATT ZU SAGEN: *Ich kann dieses Wochenende nicht vorbeikommen.*

PROBIER ES MAL DAMIT: *Danke für die Einladung, ich freue mich darüber. Ich habe dieses Wochenende schon etwas Schönes geplant, ich mache einen Citytrip mit zwei Freundinnen. Was hältst du davon, wenn wir uns stattdessen am Dienstag zum Brunch treffen?*

Diese Methode nenne ich »das Neinsagen-Sandwich«. Das Besondere daran ist, dass dein Gegenüber deine Absage gar nicht als solche wahrnimmt. Dieser Effekt entsteht durch den Aufbau.

UND SO MACHST DU DIR DAS »NEINSAGEN-SANDWICH«

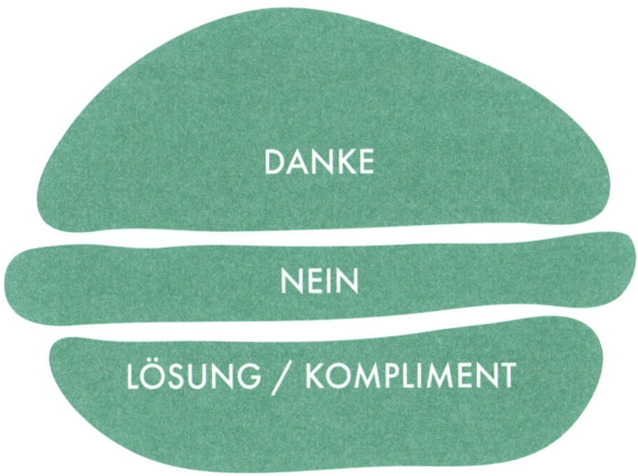

Du beginnst mit der oberen Brötchenhälfte, dem **Danke**.

Deinen Belag, also das **Nein**, formulierst du deutlich. Du kannst eine Erklärung für deine Absage geben, das musst du aber auch nicht.

Mit der unteren Brötchenhälfte schließt du das Neinsagen-Sandwich ab. Je nach Kontext kann hier ein **Kompliment** stehen (*»Danke, dass du an mich gedacht hast«*) oder eine **Lösung** angeboten werden (»Können wir uns an einem anderen Tag treffen?«).

Das Neinsagen-Sandwich ist gerade in der Kommunikation mit deinen Eltern, noch mal mehr mit deiner Mutter, wichtig und nicht weniger als lebensverändernd. Mütter sind sehr emotional, denken mehr mit ihrem Herzen als mit ihrem Gehirn. Eine Absage kann bei deiner Mutter auslösen, dass sie glaubt, etwas falsch gemacht zu haben, dass du sie nicht mehr in deinem Leben haben willst oder dass du dich respektlos ihr gegenüber verhältst. Diese Liste könnte ich noch ewig weiterführen, und mit Sicherheit erinnerst du dich an eine vergleichbare Situation. Das Neinsagen-Sandwich beruhigt deine Mutter, in der Kommunikation mit ihr wird es dir einiges erleichtern und das Verhältnis zwischen euch wird sich verbessern.

Die Arbeit am Vertrauensprozess

Per se wendest du zukünftig bei Konflikten in der Familie dasselbe Prinzip an wie in einer Paarbeziehung:

- Ich verstehe dich,
- so fühle ich mich dabei,
- das können wir tun.

Doch wenn es so einfach ist, wieso machen es dann nicht mehr Leute? Ganz einfach: Viele trauen sich das nicht. Oder sie wollen auch nicht so wirklich und setzen deshalb oft schwammige Grenzen oder halten sie nicht aufrecht. Es gibt nämlich eine Sache, die du nicht mehr tun kannst, wenn du erwachsen bist und deine Eltern erwachsen behandelst: Du kannst nicht wieder zurück zu »Mama und Papa regeln das für mich«. Dieses beruhigende Gefühl, vergleichbar mit einem Sicherheitsnetz für eine Hochseilkünstlerin, möchten viele nicht so leicht aufgeben. Denn es entlastet doch, zu wissen, dass man jederzeit in den heimischen Schoß zurückkehren kann sich die Eltern dann um uns kümmern. Und es hält auch die Hoffnung am Leben, dass man sich jederzeit wieder wie das kleine Kind fühlen kann, in dessen Leben die größte Tragödie war, dass man den Sonntagabendfilm nur bis zur ersten Werbepause schauen durfte.

Aber fällt dir auf, was hinter diesem Wunsch eigentlich steht? Ganz genau: Es ist wieder eine Art, die Verantwortung für das eigene Leben abzugeben. Wenn du Angst davor hast, irgendwann von deinen Eltern einen Satz wie »Du bist erwachsen, mach das doch selbst« zu hören, siehst du jetzt ganz deutlich, wie eng Erwachsensein und Verantwortung zusammenhängen. Deine Verantwortung ist es nun, für das neue Vertrauen deiner Eltern dir gegenüber zu sorgen. Dieses neu oder wieder aufzubauen, ist ein Prozess. Erwarte keine Wunder, dass sich sofort alles verbessert. Es braucht Geduld, Engagement und Verständnis dafür – mehr von dir als von deinen Eltern, immerhin hast du dieses Buch gelesen und nicht sie.

Im Folgenden gebe ich dir einen roten Faden, an dem du dich in diesem Prozess orientieren kannst.

Leitfaden durch den Vertrauensprozess

Das neue Vertrauen zwischen deinen Eltern und dir bauen wir Schicht für Schicht auf – sodass es wirklich fest und stark ist.

> **Der Safe Space**
> Das Fundament von Vertrauen ist eine offene und ehrliche Kommunikation. Leichter gesagt als getan, da wir gerade bei unseren Eltern

dazu neigen, sofort in Muster zu verfallen, wenn wir eine bestimmte Phrase oder auch einen gewissen Tonfall hören. Du merkst: Nicht nur deine Eltern lernen hier neues Vertrauen, auch für dich bedeutet dieser Prozess Arbeit. Aber sie lohnt sich immer.
Eine erste Veränderung erzeugst du, indem du einen sicheren Raum für eure Kommunikation schaffst. Wenn du mit deinen Eltern über Themen sprechen willst, die in der Vergangenheit oft für Konflikte gesorgt haben, ist ein offener Dialog in einem **Safe Space** genau das Richtige. Ein solcher Safe Space kann ein neutraler Ort sein wie ein Café oder auch ein Park, ihr könnt ihn aber auch zu Hause schaffen, wenn ihr euch da wohler fühlt. Lade deine Eltern zu diesem Gespräch ein, vereinbare mit ihnen eine feste Uhrzeit und lass sie auch schon im Vorfeld wissen, über welche Themen du mit ihnen sprechen willst.

> **Atme tief durch und bleib ruhig.**
Erlaube dir während des Gesprächs auch mal zu atmen. Du wirst mit Sicherheit ziemlich angespannt sein. Gut möglich, dass du im Vorfeld schon mal ähnliche Versuche gestartet hast, die in einem Streit eskaliert sind. Nimm dir Zeit für dieses Gespräch, du musst da nicht im Schweinsgalopp durchpreschen. Das Wichtigste ist, dass du ruhst. Das bedeutet nicht, dass du keine Gefühle haben darfst in diesem Moment. Ganz im Gegenteil, die Situation ist ja äußerst emotional. Achte immer darauf, respektvoll, aber auch ehrlich zu kommunizieren. Du darfst deinen Eltern die Wahrheit sagen. Du musst sie nicht schonen, es kommt darauf an, wie du die Wahrheit kommunizierst. Ich-Botschaften sind auch hier das Mittel deiner Wahl, um deine Gefühle auszudrücken. Sie helfen dir, nicht in Anschuldigungen zu verfallen.

ANSTATT ZU SAGEN: *Ihr habt mir nie zugehört!*
PROBIER ES MAL DAMIT: *Ich habe mich oft überhört gefühlt.*

Weil deine Eltern nicht damit beschäftigt sind, sich angegriffen zu fühlen, sind sie offen und aufmerksam dafür, deinen Standpunkt besser nachvollziehen zu können.

> **Hör zu.**
> Wenn du von deinen Eltern erwartest, dass sie dir aufmerksam zuzuhören, gilt das Gleiche auch für dich: Hör ihnen einfach zu, wenn sie sprechen und ihre Gefühle, Wahrnehmungen und Ansichten mit dir teilen. Versuch nicht, dir gedanklich schon Gegenargumente zurechtzulegen, fall ihnen nicht ins Wort und – und das ist die schwerste Aufgabe – versuch, ihre Perspektiven zu verstehen, auch wenn du nicht mit ihnen übereinstimmst. So schwer es für Eltern zu verstehen ist, dass ihr Kind sein Leben so gar nicht nach ihren Vorstellungen führen will, so schwer ist es eben auch für Kinder, zu akzeptieren, dass die Eltern andere Perspektiven oder auch Werte haben. Gegenseitiges Verständnis ist nicht leicht zu erreichen, aber allein der Versuch zeigt, dass du sie respektierst und schätzt.

> **Erwarte das Mögliche.**
> Und zu guter Letzt: Sorge bei dir für eine gesunde Erwartungshaltung. Kennst du Kintsugi? Das ist eine Methode aus Japan, wie Keramikgegenstände repariert werden. Wenn beispielsweise eine Schüssel herunterfällt und zerbricht, werden die Scherben mit einer Mischung aus Klebstoff und Blattgold wieder zusammengekittet. Nach der Reparatur ist die Schüssel wieder ganz und auch funktionsfähig, aber sie sieht ein bisschen anders aus als zuvor. Was will ich damit sagen? Wenn das Vertrauensverhältnis zu deinen Eltern zerrüttet ist, könnt ihr das reparieren. Du darfst allerdings nicht erwarten, dass es wieder so wird wie früher. Dafür haben sich zu viele Dinge verändert, allem voran du. Du kannst dir aber sicher sein, dass es einfach anders gut werden wird.

> **Sei geduldig und bleib dran.**
> Natürlich entsteht Vertrauen nicht über Nacht. Eure Konflikte und tiefergehenden Probleme werden sich nicht mit einem Gespräch in

Wohlgefallen auflösen. Ein solcher Prozess braucht Zeit und vor allem Kontinuität. Auch hier ist es wieder die Übung, die dich – in dem Fall euch – besser macht in diesem neuen Skill, den ihr gerade lernt. Etabliert euren Safe Space und diese Gespräche, wiederholt sie in einer Regelmäßigkeit, die euch guttut.

Stell dich auch darauf ein, dass die Reaktionen deiner Eltern die ersten Male heftig ausfallen können: »Wie redest du denn mit uns?«, »Hältst dich wohl für was Besseres?«, »Solange du deine Füße unter unserem Tisch …«

Hab Geduld mit deinen Eltern. Wie gesagt, sie haben dieses Buch nicht gelesen, und für sie ist diese Situation neu und auf eine gewisse Art sicher auch gruselig. Ich verspreche dir, du wirst ihre Reaktionen gut aushalten können. Weil du dich dazu entschieden hast, erwachsen zu werden, Vernunft und Verantwortung für dich zu übernehmen und du für dich richtig agiert hast.

FAMILIÄRE WORTKOTZE – DER UMGANG MIT ENERGIERÄUBERN AUS DER VERWANDTSCHAFT

Manchmal fehlt der lieben Verwandtschaft das nötige Feingefühl. Wann genau? Zum Beispiel, wenn deine Mutter anruft und weder auf deine kurzen Antworten reagiert noch auf die Tatsache, dass du offensichtlich nur mit einem Ohr zuhörst, und deine Aussage, dass es gerade eher schlecht ist, mit voller Absicht überhört.

Kurzer Test für dich:
Wieso verhält sich deine Mutter so?

Wir haben es ziemlich häufig mit Familienmitgliedern zu tun, die uns ganz schön die Energie aussaugen. Energieräuber gibt es natürlich überall, meistens entscheiden wir uns intuitiv dagegen, Zeit mit solchen Personen zu verbringen. Denn auch das ist eine Art, deine Grenzen nicht zu achten. Es kann sein, dass dein Gegenüber nicht sensibel genug ist, um beispielsweise deine Stimmung wahrzunehmen. Das muss sie aber auch gar nicht, denn dann hättest du die Erwartungshaltung, dass dein Gegenüber mitbekommt, dass du gerade keine Zeit oder keinen Kopf für sie hast. Es gibt aber auch, wie oben schon angemerkt, den Fall, dass du ganz deutlich sagst, dass du gerade weder die Zeit noch den Raum, den Kopf oder die Kapazität für dein Gegenüber hast, und die Person reagiert mit: »Ja, natürlich, kein Problem. Aber nur ganz kurz …«, und beginnt dann, dir all das zu erzählen, womöglich ihren gesamten Seelenschrott bei dir abzuladen – eine Absicht, die sie von Anfang an verfolgte. Das zieht deine Energie und ist eine grobe Verletzung deiner Grenzen. Denn obwohl du formuliert hast, dass es für dich in diesem Augenblick unpassend ist, ist es deinem Gegenüber nur darum gegangen, ihre Wortkotze loszuwerden.

Bei der Familie ist das manchmal etwas anderes, man geht ihr nicht so leicht aus dem Weg, und vielleicht will man das auch gar nicht. Deswegen braucht es hier eine Lösung, wie man damit umgeht.

Die Führung übernehmen

Jetzt, da du weißt, welche Verantwortung du für das Miteinander mit deinen Eltern hast, kannst du dich darauf vorbereiten. Und das meine ich genau so: Du bereitest dich gedanklich auf Treffen oder Gespräche mit deinen Eltern vor. Dann bist du bereit, die Führung des Gesprächs zu übernehmen.

Stell dir vor, du hattest einen stressigen Tag. (Es tut mir ein bisschen leid, dass du in diesem Buch sehr viele fiktive stressige Tage hast, aber da müssen wir einfach durch.) Du kommst gerade zur Wohnungstür rein, lässt all deine Taschen auf den Boden fallen und einen lauten Seufzer los. Du hast zehn Stunden gearbeitet, musstest in der Freizeit noch in der Stadt Besorgungen machen und kurz vor Feierabend durch den Supermarkt hetzen. Jetzt bist du endlich zu Hause – da klingelt dein Handy. Deine Mutter ruft an und du weißt, was das bedeutet: Sie wird über ihren Rücken lamentieren, die Knie, die Nachbarn, deinen Vater und zum Abschluss noch von Bekannten oder Verwandten erzählen, deren Kinder sich viel häufiger bei ihren Eltern melden.

Wenn du in diesem Moment ans Telefon gehst, mit all deinem Stress und der wenigen Energie, die du nach dem Tag noch hast, werdet ihr augenblicklich in typische Gesprächsmuster verfallen. Denn du hast keine Energie mehr, um dich und deine Grenzen zu schützen.

Was kannst du tun?

> **Bestimme den Gesprächszeitpunkt selbst.**
  Geh nicht ans Telefon. Schick deiner Mutter stattdessen eine Nachricht, dass du sie später zurückrufen wirst. Und dann tust du etwas für dich, um nach diesem Tag runterzukommen und deine Batterien wieder aufzufüllen. Ob das Sport ist, eine Dusche, in Ruhe einen Kaffee trinken oder etwas essen – das liegt ganz bei dir. Wenn du dich wieder frisch und energetisiert fühlst, bereitest du dich auf das Telefonat vor. Du sagst dir bewusst, dass du nun anrufen wirst, dass du dir den Raum dafür nimmst und dass dieser Raum nicht länger als eine halbe Stunde sein wird. Indem du für dich klar festlegst, wie viel Zeit du diesem Gespräch schenkst, läufst du nicht Gefahr, zwei Stunden am Hörer zu hängen und immer wieder erfolglos zu versuchen, aus dem Gespräch zu kommen. Und dann rufst du an.

> **Kommuniziere gleich den Zeitrahmen.**
  Es ist hilfreich, wenn du deiner Mutter gleich zu Beginn sagst, dass du eine halbe Stunde Zeit für sie hast, damit sie die Rahmenbedingungen auch kennt. In diesen 30 Minuten hat sie deine volle Aufmerksamkeit und es wird dich nicht triggern. Einfach weil du deine Grenzen einhältst.

> **Lass das Gespräch los.**
Als letzten Schritt ist es wichtig für dich, dass du, nachdem ihr aufgelegt habt, das Gespräch loslässt. Wenn du im Nachhinein darüber nachdenkst, läufst du Gefahr, in eine Gedankenspirale zu kommen und im Nachhinein getriggert zu werden. Das wäre wirklich verschwendete Lebenszeit. So geht es dir nach dem Telefonat gut, weil es nicht mehr von deiner Energie genommen hat, als du bereit warst zu geben. Und deine Mutter wird das Gespräch genießen, weil du ihr deine ganze Aufmerksamkeit schenkst und zuhörst.

Ich wende dieses Prinzip bei Gesprächen mit meiner Oma an. Bei mir ist sie diejenige mit der saugenden Energie. Wenn ich einen schönen Abend habe und es mir gut geht, dann nehme ich mir eine halbe Stunde Zeit, um mit ihr zu telefonieren und sie reden zu lassen. Dann erzählt sie von Nachbarn, Rezepten und den Kindern. Ich höre natürlich sofort ihr Tuch raus, bei jedem Gespräch. Genau deshalb hat es mich früher auch so belastet und genau aus diesem Grund kann ich nicht konstruktiv mit meiner Oma sprechen. Unsere Themen unterscheiden sich total und sie versteht meine Realität nicht.

Warum sollten wir das überhaupt mitmachen? Für meine Oma, deine Mutter oder alle Verwandten ist das ihre Quality Time mit dir, die Zeit, die sie mit dir verbringen – und sie wollen ja Zeit mit dir verbringen, sie mögen dich ja. Aber oftmals wissen sie nicht, worüber oder wie sie mit dir sprechen sollen. Weil wir die Menschen nun mal bedingungslos lieben (hier kannst du gerne noch mal zum Kapitel »Paarbeziehung« blättern), schenken wir ihnen unsere Zeit für einen von uns definierten Zeitraum. Außerdem wissen wir, dass sie es nicht besser wissen können. Dass sie ihr eigenes Tuch nicht einmal erahnen und es deshalb die ganze Zeit führend in der Unterhaltung ist.

Und ich verspreche dir: Sobald du dir deines eigenen Tuches bewusst bist, werden dir auch die Tücher der anderen auffallen. Das Gute ist, dass dir die Tücher der anderen nichts mehr anhaben können, eben weil du verstehst, dass Aussagen, die dich früher vielleicht verletzt haben, vom Tuch der Person motiviert sind.

Das vielleicht nicht so Gute, zumindest im ersten Moment, ist, dass du dir neue Gesprächspartnerinnen suchen musst. Denn was ein erfüllendes Gespräch mit Mehrwert für dich bedeutet, wird sich gänzlich ändern (*Mindsaid!*).

PROBIER ES MAL DAMIT

Da hier das Thema Familie endet, bekommst du an dieser Stelle von mir wieder eine Handvoll *Anstatt zu sagens* zu den gängigsten Themen, in denen Eltern Grenzen und Energien missachten.

DER VERGLEICH MIT ANDEREN

ANSTATT ZU SAGEN: *Warum vergleicht ihr mich immer mit anderen?*

PROBIER ES MAL DAMIT: *Ich verstehe, dass Vergleiche gemacht werden, und ich freue mich, wenn ihr meine individuellen Erfolge und Fortschritte anerkennt. Ich bin auf meinem eigenen Weg und möchte in meinen eigenen Maßstäben gemessen werden.*

DAS INS-WORT-FALLEN

ANSTATT ZU SAGEN: *Es ist egal, was ich sage, niemand hört mir zu.*

PROBIER ES MAL DAMIT: *Ich fühle mich frustriert, wenn ich unterbrochen werde. Bitte lasst mich ausreden, damit wir uns alle besser verstehen können.*

DAS URTEILEN ÜBER DEINEN KÖRPER

ANSTATT ZU SAGEN: *Warum kritisiert ihr mich immer wegen meines Gewichts?*

PROBIER ES MAL DAMIT: *Ich verstehe, dass ihr besorgt seid, aber meine Gesundheit und mein Körper sind meine eigenen Angelegenheiten. Ich bitte um eure Unterstützung und positive Kommunikation.*

DIE FEHLENDE AKZEPTANZ

ANSTATT ZU SAGEN: *Warum könnt ihr nicht einfach akzeptieren, wer ich bin?*

PROBIER ES MAL DAMIT: *Ich verstehe, dass ihr euch Sorgen macht, und ich bitte um Respekt für meine Entscheidungen und mein Glück. Es ist wichtig für mich, meinen eigenen Weg zu gehen.*

DAS URTEILEN ÜBER DEINE ARBEIT

ANSTATT ZU SAGEN: *Du hast keine Ahnung, wie schwierig es ist, ein eigenes Business aufzubauen.*

PROBIER ES MAL DAMIT: *Ich verstehe, dass du Zweifel hast, und ich bin zuversichtlich, dass mein Business Potenzial hat. Ich würde gerne deine Bedenken hören, aber bitte behalte eine offene Haltung.*

DEINE FREUNDINNEN DÜRFEN AUCH NICHT ALLES

Irgendjemand muss die unbequemen Fragen ja mal stellen, und ich übernehme das gern. Denn nur weil etwas als Freundschaft deklariert ist, heißt das nicht, dass es immer nur freundschaftlich, freundlich oder auch nur gut zugeht. Auch Freundschaften sind Beziehungen, die wir führen, und brauchen als solche Pflege, Zuwendung, aber auch Grenzen. Und manchmal auch ein Ende. Eine gute Freundin ist eine Person, die für dich da ist, die dich unterstützt, die dir aber auch ganz klar sagt, wenn du eine Dummheit begangen oder eine schlechte Entscheidung getroffen hast. Eine echte Freundschaft sollte auf einem so großen Vertrauen fußen, dass man sich traut, auch unangenehme Dinge anzusprechen, weil man weiß, dass diese Freundschaft auch einen Konflikt oder eine unbequeme Zeit aushalten kann.

Der Umgang mit Grenzen

Doch wie bei den meisten anderen Beziehungen zögern wir auch in Freundschaften oft, Unschönes anzusprechen oder für uns selbst einzustehen. Denn auch Freundinnen können unsere Grenzen missachten, und dann müssen wir auch hier die richtigen Worte finden, um ihnen das zu zeigen.

ANSTATT ZU SAGEN: *Du respektierst meine Grenzen nicht.*

PROBIER ES MAL DAMIT: *Ich fühle mich nicht respektiert, wenn du einfach so in mein Zimmer kommst. Ich brauche diese Privatsphäre, deshalb bitte ich dich, anzuklopfen, bevor du mein Zimmer betrittst.*

Die Funktionsweise der Ich-Botschaft brauche ich dir an dieser Stelle nicht noch mal erklären. Neben der Art, wie du deine Gefühle und

Bedürfnisse zum Ausdruck bringst, ist es wichtig, dass du spezifisch bist.

Setze Grenzen immer in direkten Bezug auf das, was dich stört. In dem Beispiel oben könnte es sich um eine Mitbewohnerin handeln, die ungefragt ins Zimmer platzt. Wenn du ihr drei Tage später in der Küche vorwirfst, dass du dich nicht respektiert fühlst, kann sie trotz Ich-Botschaft nicht viel mit der Aussage anfangen, da ihr schlichtweg der Kontext fehlt. Lass sie von Anfang an wissen, auf welche Situation du dich beziehst. Das bedeutet nicht, dass du solche Konflikte immer umgehend lösen musst. Niemand hat etwas davon, wenn umgehend danach nicht die Zeit und der Raum vorhanden ist. Ich möchte dir dennoch ans Herz legen, nicht Wochen oder Monate verstreichen zu lassen. Innerhalb dieser Zeitspanne gibt es immer einen geeigneten Zeitpunkt, oder man schafft ihn sich. Alles andere ist aufschieben. Und das macht nichts leichter, im Gegenteil. Es führt dazu, dass sich Themen in dir aufstauen, immer größer werden und damit auch immer schwieriger, sie anzusprechen. Sie werden so mit Emotionen aufgeladen, dass es dir nachher schwerfällt, ruhig und gelassen in ein solches Gespräch zu gehen. Das braucht es aber.

Nachdem du deine Gefühle, deine Bedürfnisse und deinen Lösungsvorschlag vorgetragen hast, nimm dir Zeit, deiner Freundin zuzuhören. Denn sie kann die spezifische Situation ganz anders wahrgenommen oder auch gar nicht realisiert haben, dass sie deine Grenzen überschritten hat. Es kann für sie eine große negative Überraschung sein, deshalb gewähre auch ihr den Raum, das mit dir durchzuarbeiten, und geh auf ihre Fragen ein.

Das Ende einer Freundschaft

Nicht jede Freundschaft, die auf ihr Ende zuläuft, muss eine toxische Verbindung sein. Es gibt zahlreiche Gründe, weshalb Freundschaften auseinandergehen.

Warum auch untoxische Freundschaften enden

Wenn du gerade auf einer Reise zu dir selbst und in deinem Wachstum bist, kann es beispielsweise sein, dass sich die Sichtweisen aufs Leben so sehr verändern, dass sie nicht mehr zusammenpassen, oder dass sich dein Fokus in deinem Leben so verschiebt, dass deine Freundin keinen Zugang mehr dazu findet.

Ich habe in den vergangenen Jahren auch viele Freundinnen verabschiedet und Freundschaften beendet. Ich kenne diesen Schmerz, der sich anfühlt wie Liebeskummer, nur subtiler. Mir ist irgendwann die klaffende Lücke zwischen den Freundinnen und mir aufgefallen, weil ich meinen Prozess der Heilung angestoßen hatte, ich mein Tuch erkannte und immer besser kennenlernte. Meine Freundinnen dagegen waren sich nicht einmal bewusst, dass sie ein solches Tuch haben. Ich machte ihnen das nicht zum Vorwurf, es ist immer eine individuelle Entscheidung, ob man diesen Weg gehen und ob man sich den eigenen Themen stellen will oder nicht. Aber ich musste feststellen, dass ich mit ihnen kein Gespräch mehr führen konnte, das auch nur ansatzweise tiefer ging als oberflächliches Geplänkel. Wir hatten uns schlichtweg irgendwann nichts mehr zu sagen.

Ich möchte dir damit verdeutlichen, dass du auch Freundschaften gehen lassen darfst, die nicht ungesund oder toxisch sind. Die wenigsten Menschen sind toxisch. Die meisten sind sich einfach nicht bewusst, welche Ängste ihr Leben steuern und welche Kommunikation aus diesem *Mindsaid* resultiert. Sie kennen ihr Tuch nicht und deshalb ist ihnen auch nicht klar, dass sie meist aus ihrem Ego heraus agieren und reagieren und welche Möglichkeiten sie aber eigentlich haben.

Wenn Freundschaften toxisch werden

Was, wenn sich eine deiner Freundschaften doch ins Toxische entwickelt? Du erkennst das daran, dass sich nichts verbessert, selbst nachdem du dieses Buch gelesen und dein neues Wissen angewendet hast. Du achtest dich, deine Grenzen, die Grenzen deiner Freundin, kommunizierst offen und respektvoll, hast Verständnis und übernimmst Verantwortung für euch. Doch es ändert sich nichts. Dann wird es Zeit, diese Freundschaft zu beenden. Mit beenden meine ich nicht auslaufen lassen oder ghosten. Ja, das passiert auch unter Freundinnen, und, egal in welcher Beziehung, ist das niemals der richtige Weg.

Das Trennungsgespräch mit dieser Freundin wird nicht leicht und sicher auch schmerzhaft werden. Umso wichtiger ist deshalb, dass du dich gut darauf vorbereitest.

Ich gebe dir hier eine Anleitung, wie du sicher durch ein solch schwieriges Gespräch kommst:

> Wähle bewusst einen Ort aus, der euch genug Ruhe und Privatsphäre gibt. Ich persönlich bevorzuge immer einen neutralen Ort und nicht beispielsweise meine Wohnung, weil ich niemandem ein Gefühl von Bevorteilung vermitteln will.

> Nimm dir Zeit. Vielleicht dauert das Gespräch nur drei Minuten und ihr geht getrennte Wege, vielleicht dauert es länger. Räume euch ausreichend Zeit für dieses Gespräch ein und gib dir im Anschluss auch noch ausreichend Zeit. Wenn du direkt danach zur Arbeit musst, kann es durchaus passieren, dass du dich plötzlich weinend auf der Toilette versteckst.

> Wende dein neues Wissen an, um dieses Gespräch zu führen: Sei ehrlich, respektvoll, drück deine Gefühle und Bedürfnisse in Ich-Botschaften aus. Vermeide Beschuldigungen, konzentrier dich stattdessen auf deine Gefühle und darauf, warum diese Entscheidung für dich die richtige ist. Es spricht übrigens überhaupt nichts dagegen, wenn du dir deine einzelnen Punkte im Vorfeld aufschreibst. So ein Spickzettel vermittelt dir ein Gefühl von Sicherheit, egal, ob du ihn nun in der Hand hältst und wirklich einen Blick darauf wirfst ober ob er die ganze Zeit in deiner Hosentasche verstaut ist.

> Ich finde es nicht nur schön, sondern auch wichtig, auch die positiven Seiten der Freundschaft einmal anzusprechen und anzuerkennen. Denn wenn eine Freundschaft nur negative Aspekte gehabt hätte, wäre sie niemals entstanden. Zeig deiner Freundin deine Dankbarkeit für eure gemeinsame Zeit. Denn in jeder Beziehung lernt man wertvolle Dinge – und wenn es das Wissen ist, welche Muster oder Verhaltensweisen man nicht mehr in seinem Leben haben möchte.

> Du kannst deiner Freundin auch eine Erklärung anbieten, warum du zu der Entscheidung gekommen bist, die Freundschaft zu beenden. Zum Beispiel, dass dieser Schritt für dich notwendig ist, um deine eigene Gesundheit und dein eigenes Wohlbefinden zu schützen. Achte hier auf den Unterschied zwischen einer Erklärung und einer Rechtfertigung. Wenn du das Gefühl hast, dich rechtfertigen zu müssen, dann bist du dir deiner Entscheidung und deiner Gründe dafür nicht sicher.

> Und so schwer es dir auch fallen mag: Bleib bei deiner Entscheidung. Du hast sie dir nicht leicht gemacht, sie ist wohlüberlegt und hat ihre absolute Berechtigung. Gerade in toxischen Freundschaften fällt genau das schwer, deshalb betone ich es für dich noch mal.

Zum Schluss ein Tipp, den ich für sehr wichtig halte: Unterschätz dieses Gespräch nicht. Möglicherweise bist du wütend oder denkst, dass du mit dem Thema und dieser Freundin sowieso schon abgeschlossen hast. Doch Wut ist eine Emotion, die unfassbar schnell verraucht. Und emotionale Härte hat noch nie zu irgendwas geführt. Eine Freundschaft zu beenden, egal aus welchem Grund, ist immer eine schwierige Entscheidung und niemals einfach. Aber Selbstliebe bedeutet eben auch, schwierige Entscheidungen zu treffen. Und du kannst dir gar nicht vorstellen, für welche unglaublichen Menschen und zukünftige Freundschaften du gerade Platz schaffst.

Wie du echte Freundinnen findest

Früher war das irgendwie einfacher: Da saß man zufällig in der Schule nebeneinander oder die Eltern waren miteinander befreundet oder man lernte sich im Sportverein kennen. Und schon war man befreundet. Doch als Erwachsene kommen Freunde selten von allein in dein Leben. Man muss sich schon aktiv auf die Suche nach ihnen machen.

Bevor du neue Leute in dein Leben lässt, solltest du für dich wissen, wer du bist und was dir in einer Freundschaft wichtig ist. Was sind deine Werte, deine Interessen, deine Ziele? Was suchst du in einer Freundschaft und was bringst du selbst mit ein? Gerade wenn du dich in einem Prozess der Veränderung befindest, ist es wichtig, dass du dich ganz bewusst mit diesen Fragen beschäftigst. Es ist nämlich mehr als wahrscheinlich, dass sich deine Antworten verändert haben. So wie du dich eben auch. So ist heute beispielsweise mein höchster Wert in einer Freundschaft, dass sich meine Freunde ihrer Trigger, ihres Egos und Tuches bewusst sind. Sie können andere Begriffe dafür verwenden, sie können eine eigene Herangehensweise haben und wir können uns in unterschiedlichen Stadien befinden. Aber dass sie grundsätzlich um sich und ihre Themen wissen, dass sie ebenso wie ich heilen und wachsen wollen, ist für mich das gemeinsame Fundament, auf dem meine Freundschaften blühen.

Wenn du deine Werte und Prioritäten gefunden hast, wenn du also weißt, wer du bist, dann zeige dich. Du bist einzigartig, und deine Authentizität ist deine Superpower. Menschen merken intuitiv, wenn ihnen eine authentische Person gegenübersteht, und sie fühlen sich augenblicklich davon angezogen. Lass die Leute wissen, wer du bist, und im Gegenzug werden sie sich ebenfalls offen, ehrlich und transparent zeigen.

Man sagt, dass sich Gegensätze anziehen. Bei deinen Werten solltest du dir allerdings unbedingt Menschen suchen, deren Werte und Überzeugungen mit deinen eigenen übereinstimmen. Bei Hobbys und Interessen ist das nicht zwingend erforderlich. Dennoch finden Menschen mit ähnlichen Interessen oft leichter zueinander.

Jetzt zum vielleicht schwierigsten Teil: Bring Geduld mit. Freundschaften brauchen Zeit, sich zu entwickeln und zu wachsen. Das Gute an neuen Freundschaften ist, dass sie selten so unter Beobachtung stehen wie eine neue Beziehung mit einem Partner. Das nimmt den Druck raus. Und je mehr Zeit du dieser Freundschaft lässt, desto mehr weiteren Druck kannst du diesem Prozess nehmen.

Nach dem Wie kommt bekanntlich das Wo. Denn an irgendeinem Ort muss man mit der Suche ja beginnen. Wenn du in den richtigen Umgebungen schaust, wirst du ganz von allein auf Menschen treffen, die zu dir passen. Diese Umgebungen kannst du am besten nach deinen Werten aussuchen. Du beschäftigst dich gerade viel mit Heilung, Wachstum, Achtsamkeit und Selbstliebe – dann könnte eine solche Umgebung ein Yogastudio sein, eine Meditationsgruppe, Workshops oder Events zu diesen Themen oder beispielsweise ein Netzwerk wie mein Mymiaclub. An all diesen Orten wirst du auf Menschen treffen, die sich ihre persönliche Entwicklung zur Priorität gemacht haben.

Angenommen, du hast eine tolle Frau an einem dieser Orte kennengelernt. Den ersten Schritt auf eine potenzielle neue Freundin zuzumachen, ist aufregend. Du willst dich zeigen, aber auch nicht überfordern oder wie ein Bulldozer in die Situation rollen. Doch keine Sorge, auch das ist wieder nur eine Frage der richtigen Worte.

ANSTATT ZU SAGEN: *Wir sollten öfter etwas zusammen machen.*

PROBIER ES MAL DAMIT: *Ich habe wirklich Spaß daran, Zeit mit dir zu verbringen. Hättest du Lust, regelmäßig etwas mit mir zu unternehmen, vielleicht ein wöchentliches Mittagessen?*

ANSTATT ZU SAGEN: *Du bist wirklich lustig. Wir sollten Freunde sein.*

PROBIER ES MAL DAMIT: *Ich genieße unsere Gespräche und ich lache gerne mit dir. Ich würde gerne mehr Zeit mir dir verbringen und unsere Bekanntschaft vertiefen, wenn du auch daran interessiert bist.*

ANSTATT ZU SAGEN: *Wir haben so viel gemeinsam, wir sollten beste Freunde sein!*

PROBIER ES MAL DAMIT: *Ich schätze unsere gemeinsamen Interessen und die Gespräche, die wir führen. Ich fände es schön, unsere Freundschaft weiter zu vertiefen. Wie siehst du das?*

In deinen neu wachsenden Freundschaften wird es Dinge geben, die du von Anfang an anders machen kannst. An erster Stelle steht natürlich das Thema Kommunikation. Echte Freundschaften brauchen und ertragen von Anfang an eine ehrliche Kommunikation. Es muss nichts mehr in Watte gepackt werden. Das heißt, dass du gleich zu Beginn willens bist, schwierige Gespräche zu führen oder auch konstruktives Feedback zu geben und zu empfangen. Die Menschen, die neu in dein Leben kommen, arbeiten an vergleichbaren Stellen wie du. Sie sind auf einem Weg der Veränderung. Das bedeutet, dass sie ebenso wie du Mitgefühl und Verständnis brauchen. Alle, die an ihrer persönlichen Entwicklung arbeiten, werden sich deshalb nicht fehlerfrei durchs Leben bewegen. Sie werden Fehler machen, sie werden Schwächen haben, ganz genau wie du. Durch Verständnis für die Herausforderungen und Schwierigkeiten, die sich einem manchmal in den Weg stellen, helft ihr euch gegenseitig und arbeitet gleichzeitig gemeinsam an dem Fundament eurer Freundschaft.

Deine zukünftigen Freundschaften werden geprägt sein von Respekt, Liebe und Ehrlichkeit. Du wirst Menschen finden, die sich bewusst für dich entscheiden, so wie du dich bewusst für sie entscheidest, und ihr werdet euch unterstützen, zusammen und gemeinsam wachsen. Eure Freundschaft wird es euch wert sein, auch schwierige Themen anzugehen. Und du wirst sehen, auf einer solchen Basis werdet ihr nicht nur eine tiefe Verbundenheit haben, sondern auch so viel Spaß!

PROBIER ES MAL DAMIT

Du weißt inzwischen, was nun kommt: Für einen leichteren Einstieg in den Prozess des *Mindsaid* habe ich wieder einige *Anstatt zu sagen* für dich vorbereitet.

ANSTATT ZU SAGEN: *Du antwortest nie auf meine Nachrichten. Bist du überhaupt noch interessiert an unserer Freundschaft?*
PROBIER ES MAL DAMIT: *Ich habe bemerkt, dass wir in letzter Zeit Schwierigkeiten haben, regelmäßig zu kommunizieren. Was können wir machen, dass wir uns öfter hören?*

ANSTATT ZU SAGEN: *Du bist so in dich selbst versunken, dass du nie Zeit für mich hast.*
PROBIER ES MAL DAMIT: *Ich vermisse unsere regelmäßigen Gespräche und Treffen. Können wir was ausmachen, damit wir uns wieder sehen können?*

ANSTATT ZU SAGEN: *Du bist immer so launisch und unberechenbar.*

PROBIER ES MAL DAMIT: *Manchmal habe ich Schwierigkeiten zu verstehen, wie du dich fühlst. Kannst du mir helfen, dich besser kennenzulernen, damit ich dich unterstützen kann?*

ANSTATT ZU SAGEN: *Du bist so negativ, immer nur am Klagen.*

PROBIER ES MAL DAMIT: *Ich wünsche mir mehr positive Energie in unserer Freundschaft. Können wir versuchen, auch über schöne Dinge zu sprechen, und uns gegenseitig ermutigen?*

ANSTATT ZU SAGEN: *Du hast nie Zeit für mich, du priorisierst immer andere.*

PROBIER ES MAL DAMIT: *Es wäre schön, wenn wir mehr Zeit zusammen verbringen könnten. Können wir unsere Termine abstimmen und gemeinsame Aktivitäten planen?*

BUSINESS

Business ist mein absolutes Herzensthema. Wir verbringen etwa ein Drittel unseres Tages mit Arbeiten und nehmen uns so wenig Zeit, zu überlegen, was wir wirklich wollen. Arbeit ist einer der zentralsten Punkte in unserem Leben und gleichzeitig haben wir eine solche Angst davor: Wir wechseln den Job nicht, der uns unglücklich macht, aus Angst, keinen anderen zu finden. Wir trauen uns nicht, unsere Ideen zu zeigen, aus Angst, negatives Feedback zu bekommen. Wir fragen nicht nach der Gehaltserhöhung, aus Angst, als unbequem wahrgenommen zu werden. Kein Wunder, dass wir Arbeit als etwas Belastendes wahrnehmen, bei dem ganzen Druck, den wir uns machen.

Viele Menschen haben eine negative Einstellung ihrer Arbeit gegenüber. Sie ist nicht mehr als ein notwendiges Übel für sie. Aus etwas Schlechtem ist noch nie etwas Gutes entstanden. Wie also solltest du deinen Traumjob finden oder die Karriere einschlagen, die du willst, wenn du deine Arbeit negativ auflädst? Mit einer Übung kannst du herausfinden, wie deine grundsätzliche Einstellung zu deiner Arbeit ist. Denn erst, wenn du das mit Gewissheit weißt, kannst du auch daran arbeiten.

ÜBUNG: WIE STEHST DU ZU DEINER ARBEIT?

1. Schreibe ein Arbeitstagebuch

Nimm dir jeden Tag ein paar Minuten Zeit, um deine Gedanken und Gefühle zu deinem Job aufzuschreiben. Was hat dich heute glücklich oder unglücklich gemacht? Welche Aufgaben hast du genossen und welche haben dir nicht gefallen oder hast du als anstrengend empfunden? Wie hast du dich am Ende des Arbeitstages gefühlt?

2. Suche nach Mustern

Schau dir nach ein oder zwei Wochen deine Einträge an. Gibt es wiederkehrende Themen oder Muster? Schreibst du mehr über negative oder positive Erfahrungen? Wie fühlt es sich an, diese Einträge zu lesen?

3. Analysiere deine Gefühle

Wie fühlst du dich im Allgemeinen in Bezug auf deine Arbeit? Bist du energiegeladen und motiviert oder eher entmutigt und ausgebrannt? Spiegeln sich darin auch deine kurz- und langfristigen Werte und Ziele wider?

Bei dieser Übung ist es wichtig, daran zu denken, dass es auch schlechte Tage bei der Arbeit gibt. Sie gehören genauso zu einem Arbeitsalltag wie die guten Tage. Wenn du jedoch feststellst, dass deine negativen Gedanken und Gefühle überwiegen, könnte das ein Zeichen sein, dass du etwas verändern solltest. Ob du etwas innerhalb deines aktuellen Jobs änderst, beispielsweise das Thema Grenzen anders umsetzt, oder ob eine andere Karriere beziehungsweise ein anderer Job die richtige Lösung ist, ist eine individuelle Entscheidung. Deine Arbeit sollte ein Teil deines Lebens sein, der dich bereichert, nicht erschöpft.

Mithilfe deiner Arbeit kannst du dir das Leben gestalten, von dem du immer geträumt hast. Sie ist dein Werkzeug dafür. Es war noch nie so leicht, durch Arbeit den Erfolg zu haben, den man will. Ob selbstständig oder angestellt – das Verständnis von Arbeit hat sich in den vergangenen Jahrzehnten stark gewandelt und tut es immer noch. Es geht weg von der Stechkarte, hin zur persönlichen Kompetenz. Damit liegt es allein an dir, deine Möglichkeiten zu sehen und zu nutzen.

DEIN UNTERNEHMENSWERT

Wohin willst du auf der Karriereleiter? Welches berufliche Ziel willst du erreichen und wie sieht dein Plan dafür aus? Jetzt bitte nicht panisch werden, wenn du feststellst, dass du gar keinen Plan hast. Denn ich habe eine Theorie: In der Welt da draußen hat kein Mensch einen Plan. Es gibt nur diejenigen, die besser darin sind, so zu tun, als hätten sie einen. Manche behaupten, sie wüssten, wo sie in fünf oder zehn Jahren stehen würden. Aber wissen sie auch, wie sie da hinkommen werden?

Der Beweis dafür liegt in jeder Person, bei der du dich gefragt hast, wie und wieso sie zum Team Lead oder zur Abteilungsleiterin befördert wurde, obwohl sie in deinen Augen gänzlich ungeeignet für eine solche Rolle ist. Diese Person ist nicht an den Job gekommen, weil sie talentierter ist als du, sondern weil sie dafür gesorgt hat, dass sie von den richtigen Leuten gesehen wird. Wenn du an dein jetziges Unternehmen oder einen früheren Job zurückdenkst: Hat die Person, die das meiste Gehalt bekommen hat, auch am härtesten gearbeitet?

In der Berufswelt haben nicht diejenigen das beste Gehalt, werden gefördert und befördert, die am meisten arbeiten. Und leider auch nicht die, die am besten arbeiten. Sondern diejenigen, die Entscheidungsträgerinnen das Gefühl vermitteln können, wichtig zu sein. Die sich am besten verkaufen können. Ja, verkaufen. Wenn du denkst, dass du das nicht willst, sondern lediglich durch dein Talent überzeugen und deinen Erfolg so verdienen willst, dann versuche es gerne. Es ist nur schade, wenn niemand etwas davon mitbekommt.

ANSTATT ZU SAGEN: *Ich mache ständig Überstunden und arbeite hart, aber niemand bemerkt es.*

PROBIER ES MAL DAMIT: *Ich habe in letzter Zeit zusätzliche Aufgaben übernommen und einige Stunden länger gearbeitet. Ich wollte Ihnen mein Engagement zeigen und Ihr Feedback zu meiner Arbeit erhalten.*

Ich meine damit überhaupt nicht, dass Talent, Können und Expertise irrelevant sind. Du kannst der klügste und eifrigste Mensch der Welt sein, aber wenn niemand außer dir weiß, was du alles auf dem Kasten hast, wird es dir nicht viel helfen. Wenn du deiner Chefin nie ganz bewusst von deinen Talenten und Erfolgen erzählst oder ihr zeigst, was du erreicht hast, brauchst du dich nicht zu wundern, wenn du dich dann abends bei deinen Freundinnen darüber auslässt, dass deine Arbeit nicht gesehen wird. Wenn du von deiner Chefin gesehen werden willst, liegt es in deiner Verantwortung, dich sichtbar zu machen. Was brauchst du dafür? Ganz klar, deinen Unternehmenswert. Immer mehr Unternehmen nehmen sich Zeit dafür und buchen sogar Coachings, um ihre Firmenwerte zu finden. Das hilft ihnen bei ihrer eigenen Positionierung und auch bei Strategien und Planungen für die Zukunft. Doch nicht nur Unternehmen als Ganzes haben ihre Werte, sondern auch du als Arbeitnehmerin – nämlich deine Werte, die du in das Unternehmen bringst.

Deinen Unternehmenswert formulierst du als ein oder zwei Sätze, in denen du deine wichtigsten Stärken und Erfolge festhältst. Dafür musst du im Vorfeld drei Bereiche ausfüllen.

Deine Fähigkeiten und Erfahrungen	Deine bisherigen Beiträge	Was dich einzigartig macht
Hier sind deine Soft Skills gefragt: Was sind deine Kernkompetenzen? Welche Fähigkeiten hast du, die besonders wertvoll für dein Unternehmen sind? Welche Erfahrungen und Kenntnisse bringst du mit ein?	Hier geht es um Fakten: Was hast du bisher in deinem Job erreicht? Welche Projekte oder Aufgaben hast du erfolgreich abgeschlossen? Wie haben diese Beiträge das Unternehmen positiv beeinflusst?	Was bringst du in das Unternehmen ein, das andere nicht können? Vielleicht hast du eine besondere Fähigkeit, mit Kunden umzugehen, oder eine kreative Herangehensweise an Probleme.

Wenn du die Fragen in diesen drei Spalten beantwortet hast – schreibe dir die Antworten auf –, dann markierst du die jeweils für dich bedeutendste Aussage. Vielleicht lassen sie sich auch in einer passenden Formulierung zusammenfassen. Aus den jeweiligen Highlights einer jeden Spalte fasst du deinen Unternehmenswert in prägnanten Sätzen zusammen.

DEINE SICHTBARKEIT

Mach dir bewusst, dass es ein wichtiger und richtiger Skill ist, dich selbst verkaufen zu können. Also nicht nur, was dich ausmacht, sondern auch, dass du diesen Schritt in die Sichtbarkeit gehst.

ANSTATT ZU SAGEN: *Ich habe das Gefühl, dass meine Arbeit nicht gewürdigt wird.*

PROBIER ES MAL DAMIT: *Ich bin stolz auf die Projekte, an denen ich gearbeitet habe, und würde gerne mehr Feedback zu meiner Leistung bekommen. Gibt es einen guten Zeitpunkt für ein Meeting, in dem wir darüber sprechen können?*

Wenn du deiner Chefin zeigst, was du kannst, dann machst du das nicht nur, um gutes Feedback von ihr zu bekommen. Sondern dann machst du das auch, weil du damit auch klare Argumente für deine nächste Gehaltserhöhung oder Beförderung lieferst. Damit gehörst du nun zu den wenigen Leuten, die wirklich einen Plan haben.

ANSTATT ZU SAGEN: *Ich arbeite so hart, ich verdiene einfach eine Gehaltserhöhung.*

PROBIER ES MAL DAMIT: *In den letzten Monaten habe ich diese Erfolge erzielt: – konkrete Auflistung deiner erfolgreich abgeschlossenen Projekte, Umsätze etc. –. Daher möchte ich über eine Gehaltserhöhung sprechen, da ich zusätzliche Verantwortung übernommen habe und mein Beitrag zum Erfolg des Unternehmens gestiegen ist.*

Deine neue Sichtbarkeit ist nicht begrenzt auf deine Vorgesetzte. Es gilt ebenso, sie bei deinen Kundinnen und potenziellen Kundinnen umzusetzen. Verkauf ihnen deine Person, deine Talente, dein Business und dein Warum – vor allem dein Warum. Business wird von Menschen gemacht, und Menschen wollen keine glattgebügelten Lebensläufe. Menschen wollen Menschen – und ihre Leidenschaft. Wenn du ihnen deinen tabellarischen Lebenslauf vorträgst, sind die meisten gedanklich schon ausgestiegen, bevor du überhaupt sagen konntest, welche weiterführende Schule du besucht hast. Sie wollen eine Geschichte hören, und welche könntest du besser erzählen als deine eigene? Wenn du ihnen erzählst, was dich antreibt und umtreibt, welche Fehler du auf deinem bisherigen Weg gemacht hast und was du aus ihnen gelernt hast, dann sind deine Kundinnen in der Lage, dich wirklich wahrzunehmen. Und wenn sie dich wahrnehmen, dann lernen sie auch dein Produkt kennen. Für das gilt nämlich dasselbe: Deine Kundinnen wollen eine Story kaufen. Sie wollen keine Kerze. Sie wollen, dass du ihnen aus deiner eigenen Erfahrung erzählst, wieso diese Kerze gegen Liebeskummer hilft. Indem du dich sichtbar machst, ziehst du dein Business ganz automatisch mit ins Rampenlicht. Du kennst das, selbst im Privaten: Wenn du auf einer Party bist und mit jemand Neuem ins Gespräch kommst, landet ihr früher oder später immer bei der Frage nach den Berufen.

Sichtbarkeit ist dein Plan – um deiner Vorgesetzten deine Arbeit und dein Können zu zeigen und um deinen Kundinnen dein Business zu zeigen. Und *Mindsaid* ist dein Weg dahin.

ANSTATT ZU SAGEN: *Ich verkauf mich hier doch nicht!*

PROBIER ES MAL DAMIT: *Das Beste, was ich tun kann, ist, mich bestmöglich zu verkaufen.*

Von Vorbildern lernen

Es gibt Leute, die das Leben führen, das du haben willst, worauf du hinarbeitest. Das kann beispielsweise deine Chefin sein oder die Gründerin des Unternehmens, für das du arbeitest. Wer auch immer das deinem Leben ist, wichtig ist: Diese Personen sind nicht deine Feinde oder deine Konkurrenz. Auch wenn du dich manchmal fragst, warum und wie ausgerechnet sie es auf diesen Posten geschafft hat; vielleicht hältst du sie auch für völlig unqualifiziert. Doch gerade dann solltest du nachhaken, denn eines weißt du sicher: Irgendwas hat sie richtig gemacht. Wieso nutzt du diesen Umstand nicht für dich? Möglicherweise bist du zu stolz, vielleicht, weil du die Person nicht magst. Aber lass mich dir eines sagen: Stolz ist etwas, das dir im Weg steht. Mit Stolz kommst du nicht weiter, sondern trittst nur unzufrieden auf der Stelle. Er hindert dich daran, einfach mal zu fragen. Denn diese Personen sind dein Beweis dafür, dass es möglich ist, diese Träume zu erreichen. Und sie können deine Quelle für Inspiration und Information sein, du musst sie nur anzapfen. Sie wissen, wie man an genau diesen Punkt kommt – und du kannst dir dieses Wissen abgreifen. Ob als Kreuzverhör oder in subtilen Fragen, beides ist völlig in Ordnung. Die Person, nehmen wir deine Chefin als Beispiel, wird sich freuen, wenn du sie nach ihrem Wissen fragst. Du kannst deiner Chefin deine Ambitionen ganz klar aufzeigen: *Ich will die oberste Sprosse der Karriereleiter in dieser Firma erklimmen. Was muss ich dafür tun, wie lange dauert das und was brauchst du dafür von mir?*

Damit bist du der Traum eines jeden Unternehmens, und keine Vorgesetzte der Welt würde das ignorieren. Im Gegenteil, sie sieht deinen Wunsch und deinen Eifer. Denn wenn du es wirklich ernst meinst, wirst du auch die Handlungen folgen lassen, die eben nötig sind, um die Karriereleiter ganz nach oben zu klettern. Das ist ein Engagement, das selten jemand an den Tag legt.

Ich weiß nicht, wie groß euer Team ist, aber das folgende Beispiel ist sicherlich nachvollziehbar für dich:

Nehmen wir an, deine Chefin hat zehn Mitarbeiterinnen in ihrem Team. Neun davon verbringen den Großteil des Tages damit zu überlegen, ob sie mal wieder krankmachen sollen, wie sie öfter Kaffeepause machen oder früher in den Feierabend können. Die alles tun, um nicht zu arbeiten. Und dann bist da du: diejenige, die weiterkommen will, das ihrer Chefin zeigt und auch etwas dafür tut. Die nicht nach Ausflüchten sucht, sondern sich reinhängt. Was glaubst du, wer für die nächste Beförderung in Betracht gezogen wird?

GELD UND GLAUBENSSÄTZE

Frauen wird nicht derselbe Umgang mit Geld beigebracht wie Männern. Das führt dazu, dass Geld später im Leben zu einer Hürde wird. Etwas Unangenehmes, über das man nicht sprechen will. Für mich ist es immer wieder erschreckend, wie viele negative Glaubenssätze wir im Zusammenhang mit Geld haben, selbst entwickelt oder von anderen übernommen. Ob durch unsere Erziehung oder die Erfahrungen unserer Eltern: Uns wurde oft eingetrichtert, dass wir hart arbeiten müssen, um Geld oder Erfolg zu erlangen. Doch wenn das wirklich der Fall ist, warum sind dann nicht Krankenschwestern, Pflegekräfte und Erzieherinnen die wohlhabendsten Menschen?

Eine häufige Antwort, die man auf diese Frage bekommt, ist: »Es ist nicht so einfach.« Auch das ist ein negativer Glaubenssatz, der tief in den meisten von uns steckt und schlichtweg nicht wahr ist.

Verdienst du, was du verdienst?

Was glaubst du, wie viel Geld dir zusteht? Wie viel verdienst du, zu verdienen? Dafür beginnen wir direkt mit einer Übung. Ich nehme es auch gleich vorweg: Du verdienst alles!

ÜBUNG: WAS VERDIENST DU, ZU VERDIENEN?

Nimm dir ein Blatt Papier und liste all die Dinge auf, die du im Leben haben möchtest. Limitiere dich da nicht, sondern lass deinen Gedanken freien Lauf und denke groß! Auf dieser Liste können Punkte stehen wie eine Wohnung oder ein Haus mit Garten, ein Auto, Kinder, all die Dinge, die du deinen Kindern ermöglichen willst, dass du deine Eltern in Rente schicken willst, dass du nur regionale Bio-Lebensmittel kaufen und dreimal die Woche eine Personal Trainerin buchen willst, weil dir Gesundheit wichtig ist. Genauso können auf dieser Liste Orte stehen, an die du reisen, oder Kunstwerke, die du kaufen willst. Pack alles, was du dir erträumst, untereinander auf die Liste.

Dann schreibst du neben jeden einzelnen Punkt, was er dich monatlich kosten würde, und am Ende rechnest du die Summe zusammen. Erschreck dich nicht vor dem Betrag, der da steht. Denn dieser Betrag ist das, was du für das Leben brauchst, das du führen möchtest.

Als Nächstes fragst du dich: Kann ich mir dieses Leben mit meinem momentanen Gehalt leisten?

Wenn die Antwort »Nein« lautet, stellst du dir die nächste Frage: Bedeutet das dann, dass ich Abstriche an der Liste mit meinen Träumen machen muss?

Deine Antwort auf die letzte Frage lautet hoffentlich spätestens jetzt auch »Nein«. Denn anstatt dort Verzicht zu üben, arbeite doch lieber an der anderen Seite der Gleichung – nämlich an der, wie viel Geld du verdienst.

Geld ist wichtig. Nicht nur, weil es eine Lebensgrundlage ist, sondern auch, weil es unmittelbar mit deinem beruflichen Erfolg zusammenhängt. Und wenn du nicht daran glaubst, dass es dir zusteht, viel Geld zu verdienen, dann wirst du die obersten Sprossen der Karriereleiter auch nicht erreichen.

Zeit vs. Geld

Wir müssen den Umgang mit und den Zugang zu Geld neu lernen, damit es zu unserem Leben und unseren Möglichkeiten passt. Wir haben schon darüber gesprochen, dass und warum unsere Eltern und deren Eltern mit einer solchen Vorsicht durchs Leben gehen und diese auf uns übertragen haben. Ihre finanzielle Hilfestellung war vermutlich ein Sparbuch, das sie zu deiner Geburt eingerichtet haben. Von ihnen kannst du bei diesem Thema kein Wissen abgreifen, das dich weiterbringt. Ich dagegen habe mir dieses Wissen erarbeitet und habe oft beobachtet, wie stark negative Glaubenssätze über Geld andere beeinflussen.

Wenn ich etwas erreichen will, muss ich dafür etwas investieren. Beim Business ist das entweder Geld oder Zeit und Energie. Für mich bedeutet Geld Freiheit – die Freiheit, mein Leben so zu gestalten, wie ich es möchte. Für mich ist Freiheit die wertvollere Währung und Geld ein Weg dorthin. Denn Geld vermehrt sich, Zeit hingegen vergeht unwiederbringlich. Ich habe für mich verstanden, dass ich meine Zeit gegen Geld tausche. Was im Umkehrschluss eben auch bedeutet, dass man mit Geld Zeit von anderen kaufen kann.

Eine einfache Rechnung: Jemand stellt Schuhe her. Für jeden Schuh, den die Person produziert, braucht sie eine Stunde Zeit. Jetzt kann sie in zehn Stunden zehn Schuhe herstellen. Oder aber sie sucht sich zehn Leute, bezahlt sie dafür, dass jeder je einen Schuh herstellt. Dann hat die Person in einer Stunde zehn Schuhe und neun Stunden frei.

Dieses Beispiel zeigt: Hast du mehr Geld, kannst du weniger Zeit und Energie investieren. Hast du weniger Geld, musst du mehr Zeit und

Energie investieren. Am Ende ist es ein Abwägen deiner Möglichkeiten und eine Entscheidung, wie du deine Prioritäten setzt. Ein gängiges Beispiel dafür, wie Geld verwendet werden kann, um Zeit und Energie zu sparen, ist das Auslagern von Aufgaben – beispielsweise durch eine Reinigungskraft, die einmal in der Woche kommt und im Haushalt unterstützt. Oder auch ein Lieferdienst, der die Einkäufe erledigt, oder eine moderne Küchenmaschine, die ganze Gerichte zubereiten kann. Die freie Zeit, die man dadurch gewinnt, muss nicht unbedingt mit Arbeit gefüllt werden. Du kannst, wenn du möchtest, diese Zeit nutzen, um produktiv zu sein. Du kannst sie aber genauso gut für Hobbys, Freunde oder Selfcare füllen und hast immer noch gewonnen.

In meiner Realität sieht das so aus, dass ich einmal in der Woche zur Friseurin gehe. Ich kaufe mir in dem Fall ihre Zeit, damit sie meine Haare wäscht, föhnt und stylt. Somit sehen sie immer top aus und ich muss mir nicht täglich die Zeit dafür nehmen. Das ist dann also Zeit, die ich für andere Dinge nutzen kann.

Unsere ganze Wirtschaft beruht auf dem System »Zeit gegen Geld«. Jeff Bezos packt seine Päckchen nicht selbst und auch Elon Musk schraubt nicht jeden Tesla einzeln zusammen. Deshalb möchte ich, dass du dir zuerst eine Sache klarmachst: Du wirst nicht für deine Arbeit bezahlt. Sondern du wirst für die Zeit bezahlt, die du aufbringst, um deine Arbeit zu erledigen. Ich formuliere es noch etwas dramatischer: Du wirst für deine Lebenszeit bezahlt. Und die bekommst du nicht zurück. Sollte sie dir da nicht eigentlich unendlich viel wert sein? Du tauschst Zeit gegen Geld, und deshalb will ich, dass du das Maximum für deine Zeit rausholst.

Geldblockaden

In meinen Coachings behandle ich das Thema Geldblockaden ausführlich mit meinen Coachees. Für dieses Kapitel habe ich ein beispielhaftes Gespräch herausgesucht. Meine Coachee, eine Frau, ist natürlich anonymisiert. Zudem sind ihre Überzeugungen leider so verbreitet unter Frauen, dass auch du dich vielleicht darin wiedererkennst.

Mia: Magst du deine Arbeit?
Coachee: Ja. Wenn mein Lebensunterhalt davon nicht abhängig wäre, würde ich zwar wohl erst einmal eine Pause machen. Aber an sich arbeite ich gerne.
M: Warum hast du dann jetzt nicht schon mehrere Millionen?
C: Weil ich nicht weiß, wie.
M: Hast du ein Handy?
C: Ja.
M: Kannst du schreiben und reden?
C: Ja.
M: Dann weißt du, wie. Wieso hast du mit diesen Dingen noch nicht mehrere Millionen gemacht?
C: Weil ich vielleicht noch nie daran geglaubt habe, dass sie mir zustehen.
M: Glaubst du denn, dir stehen keine Millionen zu, oder ist es was anderes?
C: Ich glaube, es ist mir zu viel Geld. Mein Punkt der Zufriedenheit liegt bei weniger. Ich brauche keine Millionen, um für mich ein zufriedenes und schönes Leben zu führen. Ein zufriedenes und schönes Leben, das ist es, was mich motiviert, und das monetäre Level, um das zu erreichen, liegt darunter.

Falls du dich jetzt wiedererkennst: Zufriedenheit ist auf der Schulnoten-Skala eine Drei. Warum willst du nicht ein Sehr gut?

Diese Frage stellte ich daraufhin auch meiner Coachee. Ich kenne deine Antwort nicht, aber so ging das Gespräch mit ihr weiter.

C: Je höher die Ambition, desto höher die Fallhöhe.
M: Wer hat dir das erzählt?
C: Meine Angst?
M: Was ist die dominante Absicht hinter dieser Angst, die das behauptet? Warum erzählt dir dein Tuch das?
C: Verlust vielleicht. Und die Angst vor der Erkenntnis, nicht so gut zu sein, wie ich glaube, dass ich bin.
M: Das heißt, die dominante Absicht ist: »Ich habe Angst, nicht so gut zu sein, wie ich denke«, dein Tuch erzählt dir: »Oh mein Gott, du willst das gar nicht erst, wir sind zufrieden mit dem, was wir haben«, und die Begründung, die es liefert, lautet: »Wenn du zu hoch bist, fällst du auch tief.« Weißt du, was daraus resultiert?
C: Nein.
M: Ein absolut durchschnittliches und gewöhnliches Leben. Denn kein Maß an Sicherheit ist es wert, unter einem mittelmäßigen Leben zu leiden, das von Routinen bestimmt ist und deine Träume zerstört.

Du erinnerst dich: Die dominante Absicht ist, aus welcher Motivation wir etwas tun. Es gibt nur Liebe oder Angst als Motivatoren, und alles, was aus Angst geschieht, ist zum Scheitern verurteilt. Dein Tuch ist alles, was dich davon abhalten will, mutig zu sein. Falls du dem Dialog nicht gut folgen konntest, hilft es, dir noch mal das Kapitel »Dein Mindset« durchzulesen. Was eine dominante Absicht ist oder wofür das Tuch steht, ist nicht auf Anhieb zu verstehen, und meist bemerkt man das an einem konkreten Beispiel oder in einer expliziten Situation.

Falls du auf andere Weise glaubst, das Leben nicht zu verdienen, das du dir eigentlich wünschst, stehst du aber an genau demselben Punkt wie meine Coachee: Deine Angst hält dich davon ab, dein volles Potenzial zu nutzen und dein Leben frei zu gestalten. Denn Angst vernichtet mehr

Träume, als Fehler es jemals könnten. Angst ist eine Reaktion, Mut eine Entscheidung. Und manchmal musst du dich auch dazu entscheiden, etwas mit Angst zu machen, um sie ablegen zu können. Lass nicht zu, dass die Angst davor, was passieren könnte, alles verhindert, was geschehen könnte.

Aber die Angst wovor? Das ist eine Frage, die gar nicht so leicht zu beantworten ist.

Denn du hast keine Angst vor der Dunkelheit, du fürchtest dich vor dem, was sich in ihr versteckt.

Du hast keine Angst vor den Menschen um dich herum, du hast Angst, von ihnen abgelehnt zu werden.

Du hast keine Angst vor der Liebe, du hast Angst davor, nicht zurückgeliebt zu werden.

Gerade wenn man mitten in einer Grübelschleife steckt, ist es schwer festzustellen, vor was genau man eigentlich Angst hat. Diese Übung hilft dir, deine diffusen Gedanken zu sortieren, und auch, dir die Angst zu nehmen. Außerdem gibt sie dir konkrete Schritte an die Hand, die du als Nächstes umsetzen kannst. Ich nenne sie »das Tic-Tac-Toe der Angst«.

ÜBUNG: DAS TIC-TAC-TOE DER ANGST

Auf einem Blatt malst du dir die typischen neun Kästchen eines Tic-Tac-Toe auf. In jedem Kästchen stellst du dir andere Fragen, beginnend links oben.

Wovor habe ich Angst?	Wie kann ich diese Situation verhindern?	Wie kann ich diese Situation beheben, wenn sie doch eingetreten ist?
Was sind die Vorteile, wenn ich es ausprobiere?	Was sind die Vorteile eines Teilerfolgs?	Was sind die Vorteile eines kompletten Erfolgs?
Wie sieht mein Leben in sechs Monaten aus, wenn ich nichts tue?	Wie sieht mein Leben in sechs Monaten aus, wenn ich erfolgreich bin?	Wie sieht mein Leben in einem Jahr aus, wenn ich erfolgreich bin?

Was genau kommt nun in die Kästchen?

1. »Wovor habe ich Angst?«

   Hier trägst du ein, was dir Angst macht. Beispielsweise, dich selbstständig zu machen oder verlassen zu werden.

2. »Wie kann ich diese Situation verhindern?«

   Was kannst du tun, damit die Sache, vor der du dich fürchtest, gar nicht erst eintritt?

3. »Wie kann ich diese Situation wieder beheben, wenn sie doch eingetreten ist?«

Wie kannst du mit der Situation umgehen, wenn sie doch passiert ist?

4. »Was sind die Vorteile, wenn ich es ausprobiere?«

   Hier geht es nur um das Ausprobieren, völlig unabhängig vom Ergebnis. Einfach nur, welche Vorteile es dir bringt, wenn du dich traust.

5. »Was sind die Vorteile eines Teilerfolgs?«

   Welchen Mehrwert hat es, wenn dir ein Teil von dem gelingt, was du dir vorgenommen hast?

6. »Was sind die Vorteile eines kompletten Erfolgs?«

   Welchen Mehrwert hat es, wenn dein Vorhaben ganz geglückt ist?

7. »Wie sieht mein Leben in sechs Monaten aus, wenn ich nichts tue?«

   Male dir deine Zukunft aus, wenn du dich deiner Angst nicht stellst, sondern die Situation vermeidest.

8. »Wie sieht mein Leben in sechs Monaten aus, wenn ich erfolgreich bin?«

   Male dir jetzt deine Zukunft aus, wenn du dein Vorhaben mit Erfolg umgesetzt hast.

9. »Wie sieht mein Leben in einem Jahr aus, wenn ich erfolgreich bin?«

   Schau noch ein bisschen weiter in die Zukunft, um dir vorstellen zu können, welche Entwicklung du in den kommenden zwölf Monaten nehmen würdest.

Auch diese Übung kannst du dir in einem Video noch mal anschauen:

Dein innerer Antrieb

Stell dir vor, deine Vorgesetzte bietet dir eine Beförderung an. Doch du fühlst dich unwohl bei dem Gedanken, mehr Verantwortung zu übernehmen, und fragst dich, ob du bereit dafür bist. Die Frage, die du dir nun stellst, ist, aus welchem Grund du dich unwohl fühlst. Ist es dein Tuch, das nach mehr strebt, obwohl du tief im Inneren glaubst, dass du vielleicht noch nicht bereit dafür bist? Ist es Angst, die dich lähmt und dich daran hindert, dein volles Potenzial auszuschöpfen?

Um das zu klären, solltest du dich fragen, was du wirklich willst und was du fürchtest. Wenn du feststellst, dass du dir Sorgen darum machst, was andere von dir denken, wenn du die Beförderung annimmst, oder was das mit deinem Image macht, dann weißt du: Das kannst du dem Tuch zuordnen. Denn dann ist dir die Meinung von außen wichtiger als dein eigenes Wachstum und deine innere Zufriedenheit. Wenn du jedoch merkst, dass du Angst vor dem Scheitern hast, oder befürchtest, dass du der neuen Position nicht gewachsen bist, dann ist deine dominante Absicht dahinter Angst. Du zweifelst an deinen Fähigkeiten und würdest vermutlich ewig dazu tendieren, in deiner Komfortzone zu bleiben.

Nicht jede von uns muss Millionärin werden. Aber ich bin überzeugt, dass jede von uns die Werkzeuge in sich trägt, dieses Ziel zu erreichen, wenn sie denn will. Wenn dich Geld nicht motiviert, wenn es nicht dein Antrieb ist, dann würde sich dein Leben vermutlich nicht deutlich verbessern durch ein paar Millionen. Ich habe eine Freundin, die sich in einem klassischen Nine-to-five-Job aufgerieben hat. Sie war unzufrieden, fühlte sich in diesem Konstrukt gefangen. Denn eigentlich wollte sie kreativ arbeiten, reisen gehen und etwas von der Welt sehen. Irgendwann nahm sie sich die Zeit, knapste sie sich von ihrem vollgestopften Tag ab, und ging ihrer Leidenschaft, dem Schreiben, nach. Sie startete einen Blog und investierte kontinuierlich Zeit und Energie hinein. Denn ja, Zeit und Energie sind ebenfalls Währungen. Einige Zeit später bekam sie die ersten Kooperationsanfragen. Long story short: Heute arbeitet sie als Bloggerin auf der ganzen Welt. Ihre Motivation waren nicht die Millionen, ihre war es, kreativ zu sein und die Freiheit zu haben, überall arbeiten und leben zu können.

Also: Was ist dein innerer Antrieb?

Bevor du weiterliest mit »Think big«, will ich dir an dieser Stelle noch die für mich wichtigsten Wahrheiten zum Thema Geld mitgeben. Sie rücken mich immer wieder in den richtigen Fokus, und ich bin mir sicher, sie werden auch dir ein guter Kompass sein.

- ◊ *Fokussierte Menschen lassen keine Optionen offen, sie treffen Entscheidungen. Wer sich nicht festlegt, wird von allem abgelenkt.*
- ◊ *Finanzieller Erfolg beginnt mit einer positiven Einstellung zu Geld.*
- ◊ *Geld ist kein Ziel, sondern ein Werkzeug, um deine Träume zu verwirklichen.*
- ◊ *Investiere in dich selbst, denn das ist die beste Rendite, die du erzielen kannst.*
- ◊ *Reichtum beginnt im Geist. Entwickle ein wohlhabendes Mindset und zieh Fülle in dein Leben.*
- ◊ *Glaube an deine Fähigkeiten, finanziellen Erfolg zu erreichen, und du wirst Wege finden, ihn zu realisieren.*
- ◊ *Du bist nie am falschen Ort. Manchmal bist du am richtigen Ort, aber suchst nach den falschen Dingen.*
- ◊ *Setz dir klare finanzielle Ziele und arbeite beharrlich daran, sie zu erreichen.*
- ◊ *Kümmere dich gut um dein Geld, denn es ist eine Manifestation deiner Energie und harter Arbeit.*
- ◊ *Denke groß und handle entschlossen. Du hast das Potenzial, finanziell erfolgreich zu sein, wenn du es willst.*

◊ *Die Person, die nicht weiß, woher ihr nächster Euro kommt, weiß meist auch nicht, wo der letzte hin ist.*

THINK BIG

Du kannst alles werden, was du willst. Das bedeutet auch, dass du so erfolgreich, berühmt oder reich werden kannst, wie du willst. Es geht dabei nicht darum, Größenwahn zu leben. Meiner Meinung nach drückt beispielsweise die Phrase »über sich selbst hinauswachsen« eine Inszenierung aus, die eigene Authentizität geht verloren, man verliert seine Glaubwürdigkeit. Wieso? Wenn man über sich selbst hinauswächst, dann schwebt man irgendwann über sich. Als ob das eigene Selbst nicht genug wäre und man müsste es hinter sich – oder eben unter sich – lassen. Man verliert den Anschluss an sich selbst und damit auch die Bodenhaftung. Ein klassischer Höhenflug, und wir halten ihn für etwas Erstrebenswertes. Dass das aber nichts Gutes sein kann, hat schon Ikarus in der griechischen Mythologie bewiesen. Er hatte Flügel aus Wachs und Federn gebastelt und sein Vater Daedalus warnte ihn davor, sowohl zu hoch als auch zu tief zu fliegen. Flöge er zu tief, würde das Meer seine Flügel durchnässen. (Auch das lässt sich wunderbar ins Hier und Jetzt übersetzen: Die meisten Leute scheitern nicht bei dem Versuch, zu hoch zu fliegen, sondern setzen sich viel zu niedrige Ziele und ruhen sich in ihrer Zufriedenheit aus, wenn sie diese erreicht haben. Ihr Potenzial haben sie damit nicht einmal angekratzt. Meiner Meinung nach ist das eine der größten Tragödien des Lebens.) Ikarus jedoch kam auf seinem Höhenflug mit seinen Wachsflügeln zu nah an das Licht der Sonne. Das Wachs schmolz und Ikarus stürzte ab.

Abstürzen wird hier aber niemand. Es geht nicht darum, dich zu transformieren. Sondern lediglich darum, die Talente zu nutzen, die du sowieso hast. Alles, was du brauchst, um dein Leben so zu gestalten, wie du es möchtest, liegt schon in dir. Ich verrate dir mal etwas: Während du noch damit beschäftigt bist, an dir selbst zu zweifeln, gibt es da draußen Menschen, die eingeschüchtert sind von deinem Potenzial. In genau demselben Augenblick. Du bist der Quell deiner unendlichen Möglichkeiten. Unabhängig von deinem Außen.

ANSTATT ZU SAGEN: *Ich wachse über mich hinaus.*
PROBIER ES MAL DAMIT: *Ich nehme an, wie, was und wer ich bin, und ich bin unendlich gut.*

Ein Wort wie *unendlich* hat man schnell gesagt. Aber nimm dir einen Moment Zeit und denke intensiv darüber nach, was Unendlichkeit eigentlich bedeutet. Es gibt keine Grenzen und keine Einschränkungen für dich und dein Können. Keine einzige. Es gab eine Zeit in deinem Leben, in der du genau das geglaubt und gelebt hast, nämlich als du klein warst. Alles rund um dein *Mindsaid* war so echt und unerschüttert, dass du auf die Frage, was du einmal werden willst, mit hundertprozentiger Überzeugung gesagt hast: Prinzessin. Dinosaurier. Meerjungfrau. Superheldin.

Du warst nicht nur überzeugt, sondern du wusstest tief in dir drin, dass du alles sein und werden kannst, was du willst. Und eines Tages kam jemand und hat dir gesagt, dass du keine Superheldin werden kannst, sondern Bankkauffrau, und du hast der Person geglaubt. Deine Überzeugung steckt aber noch in dir drinnen, sie ist noch in uns allen, wir müssen sie nur wieder hervorholen. Dafür möchte ich, dass du zurückgehst zu diesem Gefühl und auch zurück zu der Zeit, in der du diesen Glauben noch hattest.

Schließ die Augen und stell dir dein altes Kinderzimmer vor: Wie sieht es aus? Welche Plüschtiere liegen auf deinem Bett und welche Poster hängen an der Wand? Und jetzt stell dir vor, du triffst in deinem Kinderzimmer auf dein vergangenes Ich. Du als erwachsene Frau triffst auf dich als kleines Mädchen. Stell dem Mädchen die Frage, was es werden will, wenn es groß ist. Und jetzt kommt der wichtige Part: Egal, was es antwortet, egal, wie absurd sich das für dich im ersten Moment anhören mag, gib ihm die Antwort, die es verdient hat. Dass das Mädchen das schafft. Dass du an es glaubst. Und dass du stolz auf es bist.

Goodbye zu Ausreden

Wenn du jetzt denkst: *Ja, aber ...*, möchte ich eine Geschichte mit dir teilen, die mich damals, als ich sie zum ersten Mal gehört habe, nachhaltig beeindruckt hat.

Die Geschichte spielt in den Achtzigerjahren und dreht sich um einen Australier namens Cliff Young. Dieser war in erster Linie Farmer und gelangte recht spät in seinem Leben zu Ruhm – nämlich als er mit 61 Jahren an einem Ultramarathon teilnahm. Ja, du hast richtig gelesen, er war schon ziemlich alt. Ein Ultramarathon ist im Übrigen kein gewöhnlicher Marathon mit »nur« 42 Kilometern, sondern viel länger. Dieser heißt Sydney-to-Melbourne-Ultramarathon und der Name ist Programm: Die Teilnehmenden legen die Strecke zwischen den beiden Städten zurück, insgesamt 875 Kilometer. Dieser Ultramarathon geht über mehrere Tage: 18 Stunden laufen und sechs Stunden schlafen, und wie du dir vorstellen kannst, braucht man einiges an Vorbereitung, um daran teilzunehmen. Stell dir die Situation vor, wie alle Läuferinnen an der Startlinie stehen: Alle tragen leichte Sportklamotten und gute Laufschuhe. Alle sind in ihren Zwanzigern, höchstens Anfang 30. Sie alle haben Teams hinter sich, die die Versorgung auf der ganzen Strecke sicherstellen. Und dann stell dir ihre Blicke vor, als Cliff Young, 61 Jahre alt und Farmer, an die Startlinie tritt. Er trägt seine Arbeitsklamotten, mit denen er sonst jeden Tag aufs Feld geht. Doch nicht nur das, er trägt auch Gummistiefel an den Füßen. Cliff Young kommt an die Startlinie und ist überzeugt davon, einen Lauf über mehr als 800 Kilometer in Gummistiefeln bestreiten zu können. Manche der Teilnehmenden haben ihn wohl für einen alten Spinner gehalten, die meisten haben über ihn gelacht und absolut niemand hat daran geglaubt, dass er das schaffen kann. Außer Cliff Young selbst. Schließlich hütete er seit frühester Kindheit die Schafe der Farm, und um die zusammen und nach Hause zu treiben, musste er schon immer lang und weit laufen.

Der Startschuss fällt und alle laufen los. Schon früh fällt Cliff hinter die anderen Läuferinnen zurück. Er ist viel langsamer als die anderen und das Bild des alten Mannes, der sich übernommen hat, scheint sich zu bestätigen. Nach 18 Stunden joggen legen die Teilnehmenden eine Nachtpause ein und erleben am nächsten Morgen ihr blaues Wunder. Cliff Young hat sie abgehängt – er ist ihnen meilenweit voraus. Denn während sie geschlafen haben, ist er einfach weitergelaufen. Er gewinnt das Rennen und ist ganze anderthalb Tage schneller als die Person auf dem zweiten Platz.

Natürlich, die Leistung, die Cliff gebracht hat, ist unglaublich. Aber das ist nicht der Grund, weshalb mich seine Geschichte immer wieder aufs Neue begeistert. Sondern weil er so viele Ausreden gehabt hätte, an diesem Rennen nicht teilzunehmen oder es auf gar keinen Fall gewinnen zu können. Doch stattdessen hat er es einfach gemacht. Er hat sich nicht aufhalten lassen, weder von den anderen noch von sich selbst. Und das ist eine unbeschreiblich wichtige Lektion. Du musst keinen Ultramarathon laufen, um deine Ausreden abzulegen. Ich habe eine andere, passende Übung für dich.

ÜBUNG: LEG DEINE AUSREDEN AB

Zuerst schreibst du alle Ausreden auf, die du in Bezug auf deine Ziele oder deinen Erfolg hast. Dies könnte so etwas sein wie »Ich bin nicht klug genug« oder »Ich habe nicht genug Zeit«. Versuch, so ehrlich wie möglich zu sein, und schreib wirklich alles auf, was dir in den Sinn kommt. Aussortieren, damit es auf dem Papier besser aussieht, bringt dich nicht weiter.

Als Nächstes nimmst du dir jede Ausrede einzeln vor und fragst dich: »Ist das wirklich wahr?«

Bei den meisten Punkten wirst du feststellen, dass sie auf Ängsten und Was-wäre-Wenns basieren, aber nicht auf der Realität.

Als Drittes formulierst du jeden limitierenden Glaubenssatz in einen positiven um. Anstelle von »Ich bin nicht klug genug« könntest du schreiben: »Ich bin fähig, zu lernen und zu wachsen.« Anstelle von »Ich habe nicht genug Zeit« könntest du schreiben: »Ich kann meine Zeit effektiv verwalten und Prioritäten setzen.«

Wenn du diese Übung regelmäßig wiederholst, wirst du merken, wie sich deine Denkmuster langsam ändern. Du wirst anfangen, deine wahren Fähigkeiten und dein Potenzial zu sehen, anstatt dich von deinen Ausreden einschränken zu lassen. Ich will, dass du nach diesem Kapitel davon überzeugt bist, dass du alles verdienst, was du dir wünschst. Ohne jede Einschränkung, ohne auch nur das kleinste Aber.

ANSTATT ZU SAGEN: *Ich mache immer alles falsch.*
PROBIER ES MAL DAMIT: *Ich lerne aus meinen Fehlern und verbessere mich stetig.*

ANSTATT ZU SAGEN: *Ich bin nicht genug.*
PROBIER ES MAL DAMIT: *Ich besitze einzigartige Fähigkeiten und Talente, die mich auszeichnen.*

ANSTATT ZU SAGEN: *Ich werde nie erfolgreich sein.*
PROBIER ES MAL DAMIT: *Jeder Schritt, den ich mache, bringt mich näher an meinen Erfolg.*

Begeistern statt überzeugen

Du musst niemanden von dir und deinen Ideen überzeugen. Denn du weißt, dass du gut bist in dem, was du tust. Nutz diese Zeit und Energie lieber dafür, andere zu begeistern. Damit stellt sich die Frage danach, wie gut oder schlecht deine Idee ist, gar nicht mehr. Sondern nur, wo auf der Skala von *sehr gut* bis *bombastisch* sie einzuordnen ist.

Um den Unterschied zwischen Überzeugen und Begeistern wirklich zu spüren, sprich beide Sätze laut aus:
Ich will sie überzeugen!
Ich will sie begeistern!
Und dann fühle in dich hinein, mit welcher Energie diese beiden Sätze auf dich wirken.

Hast du einen Unterschied gespürt? Falls ja, war das der Unterschied zwischen der dominanten Absicht Angst und der dominanten Absicht Liebe.

Wenn du überzeugen willst, schwingt die Angst mit, dass dein Gegenüber anderer Meinung ist und du mit Argumenten an dein Ziel kommen musst. Willst du stattdessen begeistern, klingt die Liebe durch, die du für das hast, was du tust. Mit Sicherheit hast du schon mal einem Freund zugehört, wie er begeistert von einer Sache gesprochen hat, und nach kurzer Zeit ist diese Begeisterung von ganz allein auf dich übergesprungen.

Deshalb: In allen Punkten deines Lebens – und vor allem in deinem Business – solltest du von dir und deinem Thema begeistert sein. Du musst brennen für das, was du tust, dann wird dein Feuer andere anstecken. Du kannst niemanden anzünden, wenn bei dir nur ein Teelicht glimmt. Deswegen sei stolz auf dich und die Dinge, die du geschafft hast. Brenne für dich und dein Potenzial und es geschieht von ganz allein, dass andere von dir begeistert sind. Es ist ein simpler Perspektivenwechsel, der dazu führt, dass du ganz anders wahrgenommen wirst – und dich selbst auch anders wahrnimmst.

WIN-WIN-WIN-SITUATIONEN

Kompromisse – kann man machen, sollte man aber nicht. Denn ein Kompromiss bedeutet, dass du auch immer einen Nachteil für dich hinnehmen musst. Das muss nicht sein, denn es gibt einen Weg, wie du aus jeder Verhandlung mit einem Gewinn gehst. Und nicht nur du, sondern alle Beteiligten. Du kannst dafür sorgen, dass du und auch die anderen 100 Prozent von dem bekommen, was ihr haben möchtet. Ich nenne es eine Win-win-win-Situation.

Angenommen, ich habe eine Orange und zwei Freundinnen, von denen jede eine Orange braucht. Ich könnte sie jetzt teilen und jeder eine Hälfte geben. Damit hätte zwar jede etwas, aber keine so viel, wie sie benötigt. Das wäre der Kompromiss. Wirklich gewonnen hätte in der Situation keine. Was kann ich also machen, damit jede mit einem Gewinn aus der Situation kommt? Ich kann beide fragen, wozu sie die Orange brauchen. Die eine Freundin sagt, sie möchte Saft daraus machen. Die andere Freundin will einen Kuchen backen und braucht dafür den Abrieb der Orangenschale. Und schon brauche ich keinen Kompromiss mehr, sondern ich kann beiden zu 100 Prozent das geben, was sie brauchen: der einen die Schale, der anderen das Fruchtfleisch.

Wie habe ich das gemacht? Es ist der leichteste Trick der Welt: Ich habe einfach gefragt. Das größte Problem liegt ganz oft darin, dass wir *glauben* zu wissen, was der andere will, braucht oder vorhat. Das können wir aber nicht. Und selbst wenn wir etwas annehmen, können wir nie ganz sicher sein, dass unsere Annahme auch stimmt. Zudem ist die scheinbar einfachste Lösung nicht immer die beste – und die beste oftmals gar nicht viel schwerer. Im obigen Fall wäre die einfachste Lösung gewesen, die Orange in zwei Hälften zu teilen – aber es wäre eben nur ein Kompromiss, mit dem keine so richtig zufrieden gewesen wäre. Die beste Lösung dagegen war nicht viel schwerer oder aufwendiger. Deshalb lohnt es sich immer, kurz über die perfekte Lösung und den maximalen Gewinn nachzudenken, anstatt einfach die erstbeste Lösung umzusetzen.

Dasselbe Prinzip gilt für berufliche Verhandlungen. Auch hier können alle Beteiligten mit einem Gewinn rausgehen – wenn denn die richtigen Fragen gestellt werden. Und weil du allein verantwortlich bist für deinen Gewinn, wirst auch du diejenige sein, die zukünftig diese Fragen stellt. Wenn du das Gefühl hast, dass dir eine Gehaltserhöhung zusteht, und du deine Chefin zu einem Gespräch dazu bittest, machst du Folgendes:

ANSTATT ZU SAGEN: *Kann ich mehr Gehalt bekommen, ich arbeite wesentlich mehr als die anderen?*

PROBIER ES MAL DAMIT: *Was muss ich tun, um eine Gehaltserhöhung zu bekommen?*

Die richtige Frage lautet nicht »Was kann ich haben?«, sondern: »Was kann ich tun, um es zu bekommen?«

Als Antwort wird dir deine Vorgesetzte genau aufzählen, von welchen Punkten eine Gehaltserhöhung abhängig ist. Damit gibt sie dir einen detaillierten Fahrplan für die kommende Zeit an die Hand. Solltest du einzelne Punkte schon erfüllen, sagst du ihr das, und dass du an den anderen arbeiten wirst. Sollte dir etwas an ihrer Auflistung unklar sein, stellst du einfach wieder die richtige Frage. Wenn sie beispielsweise möchte, dass du dich mehr zeigst, fragst du sie, wie sie das meint. Dann wird sie dir zum Beispiel antworten, dass du in Meetings mehr sagen oder bei neuen Projekten öfter die Initiative ergreifen könntest. Deine Vorgesetzte weiß, was genau sie von dir erwartet für diese Gehaltserhöhung – also hol dir dieses Wissen.

Wichtig ist auch, dass du deinen Gewinn im Vorfeld richtig definierst. Die Erwartungshaltung, dass du gleich mit mehr Geld aus dem Gespräch mit deiner Chefin kommst, führt zu einer Enttäuschung. Es ist das erste Gespräch gewesen, das du proaktiv eingefordert hast. Daher ist dein Gewinn in dem Moment das »Ja« deiner Chefin. Du bekommst mehr Gehalt, nur eben nicht sofort, aber auch nicht an irgendeinem unbestimmten Zeitpunkt in der Zukunft, sondern genau zu dem vereinbarten Moment, wenn du die Anforderungen dafür erfüllst. Der Gewinn deiner Chefin ist deine Entwicklung, die ihr gemeinsam festgelegt habt. Und welche Vorgesetzte freut sich nicht über ambitionierte Mitarbeiterinnen?

Work smart

Das hier ist mein absoluter Geheimtipp für dich: Work smart. Den Spruch »Work smart, not hard« kennst du sicher. Aber weißt du auch, wie du ihn umsetzt? Ganz einfach: indem du dich immer etwas von der Masse abhebst.

Ich habe mal im Telefonvertrieb einer Firma gearbeitet. Unser Job war es, andere Firmen und Unternehmen anzurufen und so viele Verkaufstermine pro Tag wie möglich zu machen. Meine Kolleginnen haben sich ziemlich wenig Mühe gegeben und einen Termin am Tag gemacht. Also habe ich drei Termine am Tag vereinbart. Ich bin dafür nicht an meine Grenzen gegangen, ich habe mich nur einfach ein bisschen mehr angestrengt als die anderen und bin dadurch aufgefallen – was dann wiederum dazu geführt hat, dass ich Argumente für Gehaltserhöhungen und Beförderungen in der Hand hatte.

Es geht also nicht darum, die Beste zu sein und das meiste zu machen, um deine Ziele zu erreichen. Du musst einfach nur in den richtigen Momenten besser sein und mehr machen als die anderen: Genau dann, wenn deine Kolleginnen eher unmotiviert sind, startest du durch. Es ist leichter, fünf Minuten lang 100 Prozent zu geben, als eine Stunde lang nur zehn Prozent. Rate, welches von beiden den größeren Eindruck hinterlässt.

Schau dir deine To-do-Liste an und priorisiere deine Aufgaben: Welche bringt dich am schnellsten voran? Mit welcher erzeugst du die größte Aufmerksamkeit bei deiner Chefin? Dieser schenkst du deine 100 Prozent. Denn niemand gratuliert dir dazu, wenn du immer dein Bestes gibst und dich verausgabst. Wenn du in den richtigen Momenten 100 Prozent investierst, bekommt deine Chefin das auch mit. Auch hier geht wieder jede mit einem Gewinn aus der Situation: Du erreichst deine Ziele und gehst gleichzeitig vernünftig mit deinen Ressourcen um. Und deine Chefin ist zufrieden, weil du engagiert bist.

STILLE

Mindsaid ist auch, einfach mal nichts zu tun. Denn wir haben Angst vor Stille. Sie macht uns ganz nervös. Wenn wir plötzlich nichts mehr hören, hören wir erst recht hin. Sendeloch im Radio, das Schweigen am Telefon oder wenn kein Ton aus dem Kinderzimmer kommt – all das sind Situationen, die unser Herz zum Klopfen bringen. In manchen Situationen zu Recht, denn wenn Kinder zu leise sind, weiß man, dass sie etwas aushecken oder dass etwas passiert ist.

Diese Panik haben wir auch in Gesprächen. »Peinliches Schweigen« nennen wir das gerne und sind immer bemüht, das zu verhindern. Wir haben das Gefühl, es darf keine Pause entstehen, keine Lücke. Was tun wir dagegen? Wir versuchen, alle Pausen zu füllen, sprechen dabei gerne extra schnell. Und wieso tun wir das? Weil wir Angst haben. Die dominante Absicht hinter diesem Verhalten lautet: Ich will nicht langweilig wirken, ich will von meinem Gegenüber angenommen werden, ich habe Angst vor Ablehnung.

Ist dir schon mal passiert, dass du jemanden getroffen hast, den du auf Anhieb so cool fandest, dass du wolltest, dass die Person dich mag? Du bist dann nervös geworden und hast angefangen, irgendwas zu erzählen, Hauptsache, es wurde irgendwas gesagt und nicht geschwiegen. Und am Abend hast du im Bett gelegen und dich geärgert, weil dir aufgefallen ist, dass du einfach wild geplappert hast ohne Sinn und Verstand. Cool oder souverän geht anders.

Selbstbewusst bist du, wenn du keine Eile hast. Wenn dir eine Ruhe innewohnt, die sagt: Ich mache mir keinen Stress. Selbstbewusstsein ist, Raum und Zeit für dich zu nehmen. Raum im Sinne von Körpersprache und Gestik, Zeit im Sinne von Stille. Klingt absurd für dich? Denk an die Person, von der du zuletzt beeindruckt warst: Hat sie viel und schnell geredet oder hat sie vielleicht sogar gar nichts gesagt, und wenn, hat sie dann langsam gesprochen, als würde sie ihre Worte fein säuberlich auswählen? Vielleicht warst du von ihren Worten beeindruckt. Ganz sicher hat dir aber unterbewusst ihr Verhalten imponiert. Denn die Person hatte das Selbstbewusstsein, sich Zeit zu lassen, und damit bestimmte sie über nichts weniger als über die Zeit. Es lag in ihrer Hand, wie lange euer Gespräch dauerte. Das ist übrigens eine Sache, die erfolgreiche und wohlhabende Menschen gemeinsam haben: Sie reden langsam. Und sie nutzen die Stille für sich.

In diesen Kapiteln gibt es keine *Anstatt zu sagen.* Außer vielleicht dieses eine.

ANSTATT ZU SAGEN: *Ääähhhhmmmmmm.*
PROBIER ES MAL DAMIT: *Nichts. Einfach Stille.*

Wenn wir es schon von »Ähhmm« haben, will ich dir eine ebenso tolle wie einfache Übung mitgeben, mit der du dir Interjektionen (Wörter wie »ähm«, »ja«, »aha«) und andere Füllwörter abgewöhnst. Warum ist das erstrebenswert? Weil sie, wie ihr Name schon sagt, nur zur Überbrückung der Stille dienen. Die ist jedoch weder schlimm noch tragen die Füllwörter irgendwas zu deiner Aussage bei.

ÜBUNG: NIE MEHR »ÄH«

Diese Übung macht ihr zu zweit, eine Freundin und du beispielsweise. Deine Freundin gibt dir ein Wort vor, woraufhin du einen dreiminütigen Vortrag über dieses Wort halten musst. Nutzt du ein Füllwort, musst du von vorne beginnen. Du wirst sehen, wie schnell du dir das abtrainierst.

Ich unterscheide zwischen drei Arten von Stille: zum einen die Stille an sich, die Pause und das grundsätzliche Schweigen.

Die Stille an sich

Wenn Stille in einem Gespräch aufkommt, ist uns das unangenehm. Wir werden nervös, wenn wir länger nichts gesagt haben, und geben dem Drang nach, diese Lücke zu füllen: Wir schütten sie mit Worten voll. Wir nehmen an, dass es unserem Gegenüber auch so geht, dass es die Stille als ebenso unangenehm empfindet. Dabei fällt sie unserem Gegenüber meist gar nicht auf, und wenn, dann nicht als etwas Negatives. Wir machen uns also, wie so oft, verrückt wegen einer Sache, die nur in unserem Kopf stattfindet.

Dabei ist Stille ein so mächtiges Instrument. Wir sind ständig im Dialog mit etwas: anderen Menschen, unserem Smartphone, Musik, Filmen, Serien. Irgendetwas beschallt uns immer. Wenn wir da mit plötzlicher Stille konfrontiert werden, rauscht diese unendlich laut in unseren Ohren. Denn Stille nimmt uns die Ablenkung, die wir uns sonst eben im Gespräch oder mit Streaming holen. Wenn es still ist, werden wir auf uns selbst zurückgeworfen. Da gibt es nichts, was sonst unsere Aufmerksamkeit fordert, und mit einem Mal sind wir gezwungen, uns mit uns selbst zu beschäftigen.

Für jemanden, der das noch nie zuvor getan hat, kann das beängstigend sein und gleichzeitig so wichtig. Deshalb mach diese Übung:

ÜBUNG: EINFACH GAR NICHTS TUN

Erlaube dir, gelangweilt zu sein. Leg einmal alles beiseite, sag nichts, lies nichts, schau dir nichts auf deinem Handy an. Nicht einmal eine Haarsträhne zwischen den Fingern zwirbeln lassen ist erlaubt. Mach einfach mal nichts, für 20 Minuten.

Weil wir uns immer beschäftigt halten, bekommen wir immer mehr Angst vor der Stille und dem Stillstand. Doch eigentlich brauchen wir sie. Ich verbringe gern Zeit mit mir, vor allem schweigend. Ich verbringe auch gern Zeit mit meinem Partner schweigend und in Stille. Dahin zu kommen, ist nicht leicht. Der Weg lohnt sich aber allemal. Angst wirst du nur los, indem du direkt in sie reingehst. Die Angst vor Stille ist weder ein Alarmsignal noch hat sie irgendeinen Nutzen für dich. Du solltest sie also loswerden.

ÜBUNG: MACH MAL PAUSE

Mach in deinem nächsten Gespräch absichtlich eine Pause. Gib dir selbst das Versprechen, nicht als Erste zu sprechen. Geh bewusst durch das unangenehme Gefühl der Stille und schau deinem Gegenüber während der ganzen Zeit in die Augen.

Wiederhol diese bewusste Stille in verschiedenen Gesprächssituationen, und schon bald ist Stille kein Problem mehr für dich.

Wenn du Stille aushalten kannst, ist das ein Zeichen von Selbstbewusstsein, weil du weder Panik davor hast, mit dir selbst zu sein, noch davor, dass dein Gegenüber sich langweilt. Du genießt die Stille förmlich, wenn du dir deiner selbst so bewusst bist, dass du dir den Raum und die Zeit nimmst, die du brauchst und willst.

Übrigens: Was glaubst du, wie lange du mitten im Gespräch eine Pause einlegen kannst, bevor dein Gegenüber es wahrnimmt? 60 Sekunden. Das ist eine ganze Minute lang. Und falls du dich an deine Schulzeit zurückerinnerst und die Referate, die man damals halten musste, weißt du, dass eine Minute verdammt lang sein kann!

Die Pause

Wenn mir jemand in meinem Job eine Frage stellt, ist es ganz normal, dass ich immer ein paar Sekunden warte. Selbst wenn ich schon weiß, was ich sagen möchte, warte ich trotzdem. Warum? Weil ich entscheide, wie viel Zeit wir für diese Unterhaltung brauchen.

Das habe ich mir nicht selbst ausgedacht, alle großen Unternehmerinnen tun das. Jeff Bezos beispielsweise wartet bei Interviews bis zu 30 Sekunden, bevor er eine Antwort auf eine Frage gibt. Vielleicht haben er und ich dieselben Bücher gelesen oder die gleichen Beobachtungen gemacht; sicher ist, dass wir beide das Wissen haben, wie wir Pausen zu unserem Vorteil nutzen.

Vier Vorteile zeige ich dir jetzt:

> **Du wirkst souverän.**
> Wenn du dir mit deiner Antwort Zeit lässt, würde dein Gegenüber niemals sagen: »Jetzt beeil dich doch mal!« Nein, sie geben dir den Raum, dir die Zeit zu nehmen für deine Antwort, und warten geduldig. Was hinter ihrer Fassade passiert, weißt du natürlich nicht. Es kann aber sein, dass ihnen die Stille bewusst ist und sie diese füllen wollen. Es kann sie durchaus verunsichern, wodurch sie ihre Souveränität einbüßen und du wiederum einen Vorteil hast. Meist jedoch nimmt dein Gegenüber dich als souverän wahr, eben weil du dir Zeit lässt. Zudem hat es das Gefühl, dass du dir Zeit nimmst für die Antwort, was sich so auslegen lässt, dass es dir wichtig ist, was du sagst. Dein Gegenüber fühlt sich also wertgeschätzt.

> **Du kannst in der Zeit an deiner Antwort feilen.**
> Wie gesagt, mache ich eine Pause, selbst wenn ich schon weiß, was ich antworten will. Die paar Sekunden reichen völlig, damit mir vielleicht eine noch bessere Formulierung oder Herleitung einfällt. Auch damit erzielst du denselben Effekt.

> **Du wirkst kompetent.**
> Du wirkst wie die eine, die einen Plan hat. Die eine Ahnung von dem hat, was sie da sagt. Die sich nicht von Unsicherheiten hetzen lässt. Dein Gegenüber nimmt dich als charismatisch, selbstsicher und überzeugt wahr. Und das einfach nur, weil du für ein paar Sekunden nichts sagst. Verrückt, oder?

> **Du hast die Zügel in der Hand.**
> Du entscheidest, wann und wie das Gespräch weitergeht. Anders formuliert: Dein Gegenüber wartet auf dich. Gerade in Feedbackgesprächen, Gehaltsverhandlungen, Bewerbungs- oder Kundengesprä-

chen ist das sehr wichtig. Denn dein Gegenüber nimmt automatisch die Dynamik an und gibt sich damit zufrieden, dir die Gesprächsführung zu überlassen – und das schindet Eindruck.

Also, mach die Pause! Auch wenn es dir schwerfällt.

ÜBUNG: »SCHWEIGESEKUNDEN«

Wann immer dir eine Frage gestellt wird, schweige erst mal. Das fühlt sich am Anfang total unnatürlich an und deine Unsicherheit wird dir das Gefühl geben, gleich durchzudrehen. Damit es dir leichter fällt, kannst du innerlich zählen – erst bis fünf, dann bis zehn, dann bis 20. Du kannst dein Gegenüber und die Reaktionen auf deine Pause beobachten und wirst merken, wie es dir immer leichter fällt, zu schweigen.

Und wenn du irgendwann absoluter Profi darin bist, Pausen zu machen, setzt du dieses Mittel in einer Gehaltsverhandlung oder einem Bewerbungsgespräch ein. Wenn deine potenzielle neue Chefin dich fragt, welche Gehaltsvorstellungen du bei dem neuen Job hast, schweigst du einfach. Warte zwei Minuten (dafür innerlich bis 120 zählen) und du wirst sehen, sie wird dir von alleine eine Summe nennen.

Pausen kannst du nicht nur einsetzen, wenn dir eine Frage gestellt wird, sondern auch beim Sprechen. Im Prinzip bedeutet das, dass du deine Interpunktion nutzt: Du sprichst die Punkte, Kommas oder Gedankenstriche aus – oder schweigst sie eben aus. Dadurch gewinnen deine Aussagen eine Dynamik, die dafür sorgt, dass deine Zuhörerin mit ihrem Fokus bei dir bleibt.

Das Schweigen

Du kannst auch einfach nichts sagen. Grundsätzliches Schweigen ist so mächtig, weil es dein Gegenüber zwangsläufig in die Situation bringt, sich der Stille bewusst zu werden. Anders als bei einer Pause, bei der es der anderen manchmal gar nicht auffällt, dass nichts gesagt wird, knallt das Schweigen im Ohr deines Gegenübers. Schweigen ist ein tolles Mittel, wenn du jemanden zum Reden bringen willst. Klingt absurd, aber ich zeige dir an zwei Beispielen, wann und wie du Schweigen einsetzen kannst.

Angenommen, dein Freund lügt dich an. Er erzählt dir, dass er am Abend zuvor nichts unternommen hat und nur zu Hause war. Deine Freundin hat ihn aber in der Kneipe mit seinen Freunden gesehen. Du weißt, dass er dich anlügt, und willst, dass er einfach die Wahrheit sagt. Du könntest ihn mit einem Monolog zutexten – oder du schweigst einfach. Du sagst nichts und schaust ihn einfach nur an. Die Lücke, die durch die Stille entsteht, wird lang und länger – so lang, bis er sie nicht mehr ertragen kann. Er wird sich verquatschen und verhaspeln (er ist ja nervös wegen der Stille) und dir letzten Endes die Wahrheit sagen.

Dasselbe Prinzip wendest du an, wenn dich jemand beleidigt oder sich respektlos dir gegenüber verhält. Das passiert recht häufig im Straßenverkehr, wenn du mit deinem Auto beispielsweise einer Radfahrerin die Vorfahrt nimmst, weil du sie nicht gesehen hast. Es ist nichts passiert, aber sie beschwert sich nicht nur, sondern wird direkt beleidigend. Dir fallen tausend coole oder schlagfertige Antworten ein, die du ihr um die Ohren hauen könntest. Die beste und effektivste Antwort ist aber, nichts zu sagen. Der Person einfach nur regungslos in die Augen zu schauen. Wie genau sie darauf reagieren wird, kann man nicht vorhersehen. Sicher ist nur: Sie wird reagieren. Es kann sein, dass sie sich verteidigt oder entschuldigt, es kann aber auch sein, dass sie noch schlimmere Beleidigungen sagt. Meist wird sie jedoch aus der Situation gehen, weil die Unsicherheit sie übermannt. Das Wichtigste hier ist, dass du souverän geblieben bist. Sie kann dir noch so wüste Beschimpfungen an den Kopf werfen, du warst Herrin der Situation und hast dich nicht auf dasselbe niedrige Niveau begeben wie die andere Person.

Zum Abschluss habe ich noch einen **Partytrick** für dich, der dir aus einem Gespräch hilft, auf das du keine Lust hast, was ja häufig auf Partys passiert. Du kennst mit Sicherheit die Situation, dass sich irgendein Typ neben dich stellt, dir irgendeine Unterhaltung reindrückt und deine Versuche, das Gespräch höflich zu beenden, einfach überhört. Mit dem folgenden Trick bringst du ihn dazu, die Unterhaltung von allein zu stoppen:

Du schweigst, und anstatt ihm direkt in die Augen zu schauen, schaust du auf seine Stirn. Orientiere dich an seinem Haaransatz, und ich wette mit dir, er bricht das Gespräch nach etwa 30 Sekunden ab. Warum? Weil ihn dein Blick irritiert. Er wird glauben, er habe etwas auf der Stirn, und das verunsichert ihn so sehr, dass er von allein aus der Situation geht. Und du kannst in Ruhe die Party genießen.

WAS FRAUEN VON MÄNNERN IM BUSINESS LERNEN KÖNNEN

Als mir aufgefallen ist, dass Männer sich anders auf dem Businessparkett bewegen als Frauen, habe ich näher hingeschaut. Wo genau liegen diese Unterschiede und was für Auswirkungen haben sie?

Ich habe vier Aspekte ausgemacht:

> **Männer haben kein Problem damit, ihre Erfolge zu feiern.**
In den Firmen, in denen ich früher gearbeitet habe, haben die Männer im Vertrieb allen von ihren Erfolgen erzählt. »Ich habe heute fünf Abschlüsse festgeklopft« oder »Ich habe heute 20 000 Euro Umsatz gemacht«, hörte man da immer über die Flure hallen. Die Frauen hatten zwar dieselben Erfolge erzielt – erzählten aber niemandem

davon. Und wenn, dann schoben sie jemand anderem die Lorbeeren für ihren Erfolg zu: Entweder war es die tolle Mail von der Kollegin oder es waren die wertvollen Tipps von der Chefin – sogar der Toaster hat mehr zu ihrem Erfolg beigetragen als sie selbst. An sich ist es natürlich nicht verkehrt, dankbar zu sein. Aber wie ich dir weiter vorne schon gezeigt habe: Wenn du nicht zeigst, was du erreichst, dann bekommt es schlichtweg auch niemand mit.
Deshalb gilt: Wenn du gut bist, dann darfst und sollst du anderen gerne sagen, dass du gut bist. Es geht dabei nicht darum, dich vor den anderen zu profilieren und ihnen das Gefühl zu vermitteln, besser zu sein als sie. Es geht lediglich darum, zu zeigen, dass du stolz bist auf die eigene Leistung. Und das solltest du auch sein!

ANSTATT ZU SAGEN: *Ach, so gut war das nicht, was ich da gemacht habe.*

PROBIER ES LIEBER DAMIT: *Ich bin sehr stolz auf mich, dass ich es in dieser Zeit geschafft habe.*

> **Männer wissen, wie sie im Gedächtnis bleiben.**

In einem Meeting kommt es nicht darauf an, was du sagst, sondern wann. In meinem alten Job gab es einen Kollegen, der in Meetings nicht gerne redete. Wenn wir eine Stunde zusammensaßen und das ganze Team Ideen in den Raum geworfen hatte, hatte er genau zwei Sätze gesagt: ganz am Anfang einen Satz und ganz am Ende eine knappe Zusammenfassung. Er lieferte inhaltlich nichts Eigenes, aber alle hatten den Eindruck, dass er einen wesentlichen Beitrag geleistet hatte. Und warum? Weil das zuletzt Gesagte im Kopf bleibt. Menschen haben das Gefühl, du hast etwas Maßgebliches zu dem Meeting beigetragen, wenn du am Anfang und am Ende etwas sagst, weil sie sich meist nur an diese beiden Zeitpunkte gut erinnern können. Wenn du willst, dass man sich an dich erinnert, sorge dafür, dass du zu Beginn und als Letzte etwas sagst.

> **Männer lassen sich anspornen.**
Wenn Männer merken, dass ein anderer Mann besser ist als sie, nehmen sie das als Ansporn für sich zum Besserwerden. Wenn Frauen sehen, dass eine Frau besser ist als sie, nehmen sie das häufig als Anlass, schlecht über die andere zu reden. Hast du das auch schon mal erlebt? Zum einen weißt du jetzt, dass da das Tuch dominiert. Zum anderen ist das verschenktes Potenzial, das du dir so nicht mehr durch die Finger rinnen lassen willst. Die andere Frau ist an einem Punkt, an den du auch kommen willst. Was hast du darüber am Anfang dieser Kategorie gelernt? Du wirst erstaunt sein, was für Energien es freisetzt, wenn wir davon wegkommen, Frauen als Konkurrenz zu sehen, sondern uns gegenseitig unterstützen. Der Erfolg einer Frau sollte die Inspiration für andere Frauen sein. Ich hoffe, dass mein Erfolg deine Inspiration ist und dass daraus dein Erfolg wächst, der wiederum weitere Frauen inspiriert.

> **Männer denken in ihren Entscheidungen voraus.**
Männer treffen Entscheidungen als die Person, die sie sein möchten, und nicht als Person, die sie gerade sind. Erinnerst du dich an den schrulligen Jungen in der Schule, in der Ausbildung oder im Praktikum, der damals schon mit Hemd, Krawatte und kleinem Aktenkoffer erschien? Über den sich alle ein bisschen lustig gemacht haben? Was glaubst du, wo er heute im Leben steht? Ich sage dir, wo: in seinem eigenen Büro in seinem Unternehmen, das er sich aufgebaut hat, und mit passivem Einkommen, durch das er sich und seinen Lieben genau das Leben ermöglicht, das sie leben wollen.
Es ist wichtig, sich das Wissen von anderen zu holen. Du musst aber auch lernen, so zu denken. Am deutlichsten wird das bei Entscheidungen, die du triffst. Wenn du sie anhand deiner jetzigen Situation in deinem jetzigen Job triffst, bleibst du auch genau an dieser Position – nämlich innerhalb deiner Komfortzone. Ja, auch deiner gedanklichen Komfortzone. Wenn du jedoch nicht mehr nur für das Projekt arbeiten, sondern es leiten willst, musst du auch anfangen zu denken wie eine Projektleiterin. Du kannst dich fragen, welche

Entscheidung du treffen würdest. Und dann fragst du dich, welche Entscheidung du als Projektleiterin treffen würdest. Und es wird ein Unterschied sein.

ANSTATT ZU SAGEN: *Ich kann das nicht, es ist zu schwierig.*

PROBIER ES MAL DAMIT: *Mein zukünftiges Ich würde diese Herausforderung annehmen, um zu wachsen und zu lernen. Es weiß, dass Veränderung notwendig ist, um Fortschritte zu machen.*

FAZIT

Am Anfang des Buches habe ich dich darauf vorbereitet, dass nichts Geringeres passieren wird, als dass du dein ganzes Leben veränderst. Hast du mir da geglaubt? Und, wie ist es jetzt?

Ich hoffe, du hast erkannt, dass Worte tatsächlich nur die Spitze eines wirklich großen Eisbergs sind. Und dass alles, was mit ihnen in Zusammenhang steht, alles, was davor passiert, bei den meisten Menschen unbewusst und unkontrolliert abläuft. Alles das eben, was wir unter dem Begriff *Mindsaid* vereint haben.

Ich beschäftige mich schon seit so vielen Jahren mit diesen Themen und bin immer wieder erstaunt, dass uns nie wirklich beigebracht wurde, uns richtig zu artikulieren. Natürlich, wir lernen Wörter, Satzbau und auch, dass wir unserem Gegenüber nicht ins Wort fallen. Aber wir bekommen nie wirklich beigebracht, was unsere Worte eigentlich bedeuten. Welche Verantwortung wir tragen, wenn wir Dinge aussprechen. Und nicht nur das – wir sind oft nicht in der Lage, eine Idee zu formulieren, die eigene Vision zu erläutern, andere von uns zu begeistern. All das müssen wir uns erst selbst beibringen, bevor wir überhaupt eine Ahnung davon haben, welches Potenzial in uns steckt.

Ich hoffe, nein, ich weiß, dass dieses Buch dir viel darüber beigebracht und dir deine Augen geöffnet hat. Vielleicht bist du schon das erste Stück gegangen, vielleicht geht deine Reise gerade erst los: So oder so hast du mit diesem Buch den richtigen Weg eingeschlagen.

Erinnerst du dich an den Abschnitt, in dem wir über Perspektivenwechsel gesprochen haben? Ich hätte, ähnlich wie Cliff Young, mehr als genug Ausreden gehabt, mich zurückzuziehen und mein Schicksal einfach hinzunehmen. Aber jedes Mal, wenn eine meiner Leserinnen genau diese Textstelle liest, weiß ich auch, dass alles genau richtig war, wie es eben war. Ich bin so dankbar für das Leben, das ich heute führe. Für die

Person, die ich bin. Für die Entscheidungen, die ich getroffen, und die harte Arbeit, die ich geleistet habe. Und ich weiß, dass auch du an dem Punkt sein wirst, wo du genau diese Dinge über dich und dein Leben sagen wirst.

Veränderung ist nie leicht. Es ist anstrengend, da brauchen wir wirklich nichts schönzureden. Aber es lohnt sich immer. Solltest du einmal daran zweifeln, denk an mich. Und dann schau dir deine Entwicklung der vergangenen sechs Monate an. Es gibt immer Fortschritt, das vergisst man manchmal.

Auf dem Weg, der jetzt vor dir liegt, wird unbeschreiblich viel passieren. Schöne Dinge, aber auch schmerzhafte. Es werden neue Menschen in dein Leben kommen, es werden aber auch welche gehen. Du kannst aber gewiss sein, dass es richtig ist. Denn manche Menschen wollen nicht Teil des Prozesses sein, weil der Prozess Arbeit bedeutet. Aber genau dieser entscheidet darüber, wer nachher das Ergebnis verdient hat.

Das bedeutet: Wer dich nicht auf diesem Weg begleiten will, hat auch nicht die zukünftige Version deiner selbst verdient. Punkt. Hab keine Angst vor diesem vermeintlichen Verlust oder davor, nicht mehr gemocht zu werden. Die meisten Menschen kennen sich selbst nicht. Wieso sollte es dir wichtig sein, was sie über dich denken? Und Ablehnung ist gut für dich. Auch das ist ein Teil der Reise, sie hilft dir, weniger emotional und abhängig von der Meinung anderer zu sein. Durch eine solche Erfahrung wirst du mental stärker und charakterlich wachsen. Du wirst deine neuen Menschen finden, und diese werden dir nicht nur ihre Erfolge zeigen, sondern dir auch genau erklären, wie sie ihre Ziele erreicht haben, und dich auf deinem Weg unterstützen.

Ich will dir noch eine Wahrheit verraten: Jetzt, wo du deine Reise, diesen Prozess losgetreten hast, kannst du ihn nicht mehr stoppen. Du kannst dich nicht mehr *nicht* weiterentwickeln. Du kannst ein Tuch nicht *nicht* wahrnehmen. Und – das ist noch eine Wahrheit – du willst es auch gar nicht. Weil es all die Arbeit wert ist, die du leistest, um deinen Lieblingsgegenstand Stück für Stück vom Tuch freizulegen.

Wenn deine Träume dir keine Angst machen, dann sind sie zu klein. Du wirst überrascht sein von all den Talenten, die in dir schlummern, wenn du dir die Erlaubnis gibst, einfach anzufangen, und nicht direkt von dir verlangst, die Beste zu sein. Vermutlich hast du an diesem Punkt schon verinnerlicht, dass es darum gar nicht geht. Es ist ein großer Unterschied zwischen *besser wissen* und es *besser machen,* und du bist auf dem Weg zu Letzterem. Denn deine neue Ambition ist es, dich zu verbessern, und nicht, zu imponieren. Außerdem wird sich jede Lektion, die du nicht lernen willst, so lange wiederholen, bis du es tust.

Bevor ich hier noch ein zweites Buch schreibe, sollte ich besser zum Abschluss kommen. Du hast alle Worte, die du brauchst. Du hast all das Wissen, mit dem du loslegen kannst. Du bist vielleicht auch etwas nervös – selbst das ist gut! Nervosität gehört dazu, du machst dich gerade auf in unbekannte Gefilde. Das ist vielleicht das größte Abenteuer deines Lebens. Ein Leben, das du änderst, um es jetzt zu leben und nicht weiterhin darauf zu warten, dass es endlich anfängt.

Ich bin stolz auf dich und den Weg, den du bis hierhin gegangen bist, und ich freue mich auf die ganze Entwicklung, die noch vor dir liegt. Möge all die Schönheit, die in dir steckt, wieder zum Leben erwachen. Denn alles, was du anfasst, wird zu Gold!

DANKE

Wow, ein Buch. Ein ganzes Buch. Auf der letzten Seite wird es Zeit, die Dankbarkeit aufs Papier zu bringen, die mich während des ganzen Projekts begleitet hat. Ich möchte Danke sagen! Dem mvg Verlag und Elena, dass sie mit mir gemeinsam diese Idee realisiert haben. Meiner Familie und meinen Freunden, dass sie mich immer unterstützen, selbst als ich eines Tages mit der Idee um die Ecke komme, ein Buch zu schreiben. Ein spezieller Dank an Tarek und seine Liebessprache *acts of service* – dafür, dass du mir während dieser Zeit den Rücken freigehalten hast.

Ich will mir und meinem Leben danken: den Dingen, die mir passiert sind, weil sie mich zu der Frau gemacht haben, die ich heute bin. Ich will mir danken, weil ich nie aufgegeben habe und immer weitermachen werde. Und ich will meiner Zukunft danken für all die Wunder, die sie noch für mich bereithält.

Zu guter Letzt will ich dir danken. Liebe Leserin, danke, dass du dieses Buch gekauft hast. Danke, dass du beschlossen hast, dein Leben in die Hand zu nehmen, und gewillt bist, die Energie in dich zu investieren, die du wert bist! Falls du nach diesem Buch mehr Input, neues Wissen und weitere Challenges für dich willst, schaue dich auf meinen Socials um (@mymiapage auf Instagram und TikTok) oder join den mymiaclub auf www.mymiapage.de.

Ich freue mich auf dich!

Deine Mia

ÜBER DIE AUTORIN

Mia Pejic wurde in einer religiösen Glaubensgemeinschaft großgezogen und kleingehalten: unterdrückte Kindheit, keine Chance auf gute Bildung und Gewalterfahrung in der Ehe. Mit Mitte 20 bricht sie mit ihrem alten Leben – und fängt ganz von vorne an. Sie erkennt ihr Talent für das Lesen von Menschen, Kommunikation und das damit verbundene Potenzial. Ab diesem Moment geht sie den buchstäblichen Weg von der Tellerwäscherin zur Millionärin. Heute gibt sie ihr Wissen weiter – als Autorin, Speakerin und Content Creator.

LIEBE LESERIN,

wenn du etwas mitnehmen konntest aus diesem Buch, wenn du etwas über dich oder für dich gelernt hast und die Veränderung spürst, nach der du vielleicht schon lange gesucht hast, dann freue ich mich sehr, wenn du eine Rezension darüber schreibst. Diese Bewertung ist zum einen wichtig und interessant für mich. Denn ich möchte natürlich, dass mein Wissen bei euch so ankommt, dass ihr auch einen wahren Mehrwert davon habt. Zum anderen sind Rezensionen und Bewertungen eine wichtige Entscheidungshilfe für andere Frauen, die ihr Leben anpacken wollen und sich unschlüssig darüber sind, ob dieses Buch die richtige Hilfe dabei ist. Auf diese Weise stärken wir auch gemeinsam unsere Community. Denn der Erfolg einer Frau ist auch immer der Wegweiser für den Erfolg weiterer Frauen. Komm, sei ein Wegweiser mit mir.

In der Einleitung dieses Buches steht ein Satz, der an Wahrheit kaum zu überbieten ist: *Theoretisch hat noch niemand sein Leben geändert.* Das bedeutet, dass man auch ins Tun kommen muss. Du hast den ersten, wichtigen Schritt schon gemacht, indem du dieses Buch gelesen hast. Und weil ich genau weiß, wie schwer aller Anfang manchmal ist, will ich dir meine Unterstützung anbieten. Wenn du diesen QR-Code scannst, findest du die Möglichkeit, deine Rezension abzugeben und als Dankeschön und weiteren Impuls eine Überraschung von mir an dich!

Deine Mia